A Guide to Youth Preaching
청소년 설교의 길잡이

| 김금용 지음 |

쿰란출판사

서문 — 청소년 설교의 길잡이

오늘날 한국 교회 청소년 설교는 심각한 위기 상황에 직면해 있다. 많은 청소년들은 더 이상 교회와 설교에서 희망을 찾지 못하고 교회를 떠나고 있으며, 이것은 눈에 띄게 교회학교 학생 수가 감소하는 것으로 나타나고 있다.

그렇다면 왜 이처럼 한국 교회 교회학교와 청소년 설교가 위기에 직면하게 된 것일까? 그것은 청소년 설교에 문제가 있기 때문이다.

그럼 한국 교회 청소년 설교에는 어떤 문제점이 있는가?

한국 교회 청소년 설교에는 여러 가지 문제점이 있다. 두 가지만 예를 들어보면, 먼저 상당히 많은 청소년 설교자들이 남의 설교를 도용한다는 점이다. 설교자들이 스스로 설교를 작성하여 청소년들에게 전하는 것이 아니라, 인터넷 설교 사이트나 청소년 설교집에 나오는 남의 설교를 도용하여 설교하는 것이다.

또 청소년 설교에 대한 이해가 부족한 사람들이 청소년 설교 사역을 감당하고 있다는 점이다. 오늘날 대부분의 한국 교회 청소년 설교는 교육전도사들이 담당한다. 그런데 이들 중 상당수는 청소년 설교에 대한 아무런 배움 없이 청소년 설교 현장으로 나간다. 그리고 심지어 일부 교회에서는 교육전도사가 아니라 현실적으로 청소년 설교에 대한 아무런 배움의 기회조차 없는 교사들에게 청소년 설교 사역을 맡긴다. 결국 한국 교회 청소년 설교는 이러한 여러 가지 문제점들 때문에 점점 더 심각한 위기 상황으로 나아가고 있는 것이다.

그렇다면 이런 청소년 설교의 위기는 어떻게 극복할 수 있을까? 일단은 한국 교회와 청소년 설교자들은 모두 각자 처한 위치에서 최선을 다하여 바람직한 방법들을 강구해야 할 것이다. 필자 또한 설교학 교수로서 이러한 위기에 책임을 통감하며, 여기에 하나의 작은 안내서를 제시한다. 청소년 설교자들이 남의 설교를 도용하거나 잘못된 설교의 길을 가지 않도록, 청소년 설교를 몇 가지 분야로 나누어 문제점들을 분석하고, 또 그 문제점들에 대한 답을 제시하는 것이다.

필자는 지난 10여 년 동안 신학 교육의 현장에서 청소년 설교자들을 직접 만나고 또 청소년 설교를 강의하면서, 한국 교회와 청소년 설교를 위기로 몰고 가고 있는 여러 가지 청소년 설교의 문제점

서문 청소년 설교의 길잡이

들을 보아왔다. 더불어서 그 문제점들에 대한 해답을 탐구하고 또 청소년 설교가 나아가야 할 길을 찾아왔다.

그리고 이제 부족하지만 여기에 한국 교회 청소년 설교가 나아가야 할 한 길을 제시한다. 지금까지의 한국 교회 청소년 설교의 문제점들을 진단하고, 또 청소년 설교의 각 분야가 나아가야 할 방향을 이론적으로 제시하려는 것이다. 다시 말하면, 설교자들이 청소년 설교를 준비할 때 반드시 고려해야 할 내용, 곧 청소년 설교의 정의와 청소년 설교자의 자격, 청소년 설교의 내용과 형태 그리고 작성 방법과 전달 방법을 제시한다. 그리고 마지막으로 청소년 각 대상에 맞는 세 편의 실제 설교를 제시한다.

그러므로 비록 부분적으로는 부족한 점이 있을지라도, 청소년 설교자들이 본서가 지적하고 제시하는 내용들을 숙지하고 이것들을 청소년 설교에 철저히 반영한다면, 설교자들은 청소년 설교가 나아가야 할 바른 길을 찾게 될 것이다. 본서를 통하여 오늘날 한국 교회 청소년 설교의 문제점들과 설교자들이 청소년 설교 사역을 수행함에 있어서 반드시 알아야 할 청소년 설교의 기본적인 이론들을 습득하게 될 것이다.

아무쪼록 많은 청소년 설교자들이 본서를 통하여 청소년 설교의 여러 문제점들을 바르게 인식하고 청소년 설교 이론을 습득함으로써 말씀의 주인이신 삼위일체 하나님께서 기대하시는 바람직한 청소년 설교자들이 되기를 기대한다. 그리고 이 책으로 인하여 바르게 구현된 청소년 설교를 통해서, 한국 교회와 청소년들이 새로운 희망의 돛을 펼칠 수 있기를 소망한다.

끝으로 이 책이 완성되기까지 인내하며 지난 10여 년 동안 청소년 설교에 대하여 함께 연구하고 고민해 온 호남신학대학교 청소년 설교 교실 모든 학생들과, 책의 출간을 허락해 주신 쿰란출판사 이형규 장로님 그리고 모든 관계자 여러분들께 진심으로 감사를 드린다.

2012년 부활절 일곱 번째 주에
호남신학대학교 연구실에서
김금용

목차 청소년 설교의 길잡이

서문 ………………………………………………… 2

제1장 청소년 설교의 정의 ………………… 11
  1. 들어가는 말 ……………………………………… 12
  2. 청소년 설교 이해의 문제점 …………………… 16
  3. 청소년 설교를 위한 도표들 …………………… 25
    1) 하나님의 말씀 ……………………………… 26
    2) 삼위일체 하나님 …………………………… 28
    3) 하나님의 명령 ……………………………… 29
    4) 교회 …………………………………………… 31
    5) 특별 교역 …………………………………… 32
    6) 성경 말씀 …………………………………… 35
    7) 청소년 ………………………………………… 36
    8) 개별적인 담화 ……………………………… 38
    9) 한 시도 ……………………………………… 39
    10) 메시지의 주어짐 ………………………… 40
    11) 성령 하나님 ……………………………… 42
  4. 나가는 말 ………………………………………… 43

제2장 청소년 설교자의 자격 ·················· 47
　1. 들어가는 말 ································· 48
　2. 기본 요건 ··································· 51
　　1) 하나님의 사람 ···························· 51
　　2) 기도의 사람 ······························ 56
　　3) 성경의 사람 ······························ 63
　3. 특별 요건 ··································· 67
　　1) 소명의 사람 ······························ 68
　　2) 청소년을 잘 아는 사람 ··················· 70
　　3) 훈련의 사람 ······························ 74
　4. 나가는 말 ··································· 78

제3장 청소년 설교의 내용 ···················· 80
　1. 들어가는 말 ································· 81
　2. 청소년 설교 내용의 문제점 ················· 82
　　1) 기준 부재의 설교 내용 ··················· 83
　　2) 자기 주장 ································ 86
　　3) 흥미 위주의 내용 ························ 87

    4) 도용된 내용 ····································· 90
  3. 설교 내용을 위한 세 가지 기준 ················ 92
    1) 성경적인 내용 ··································· 93
    2) 삼위일체적 내용 ······························· 97
    3) 청소년의 눈높이에 맞는 내용 ············· 100
  4. 나가는 말 ·· 103

제4장 청소년 설교의 형태 ···················· 105
  1. 들어가는 말 ··· 106
  2. 설교의 분류와 형태 ······························ 112
  3. 바람직한 청소년 설교 형태 ···················· 118
    1) 청소년 설교를 위한 한 형태 ················ 118
    2) 바람직한 청소년 설교 구성을 위한 기본 요소 123
  4. 청소년 설교의 실례 ······························ 130
    1) 도표로 본 청소년 설교의 기본 구조 ······· 130
    2) 청소년 설교의 한 실례 ······················· 131
  5. 나가는 말 ·· 136

제5장 청소년 설교의 작성 방법 ················ 139
1. 들어가는 말 ··· 140
2. 한국 교회 청소년 설교 작성 방법의 문제점 ··· 142
   1) 도용 ··· 142
   2) 작성 기준의 부재 ····························· 144
   3) 체계화된 작성 방법의 부재 ················ 145
3. 바람직한 청소년 설교 작성 방법 ············· 147
   1) 설교자 자신의 준비 ·························· 148
   2) 본문의 선정과 연구 ·························· 151
   3) 주된 메시지의 확정 ·························· 153
   4) 설교 형태 결정과 자료 배열 ··············· 156
   5) 설교 원고 작성 ································ 159
   6) 성육화 ··· 164
4. 나가는 말 ··· 167

제6장 청소년 설교의 전달 방법 ················ 169
1. 들어가는 말 ··· 170
2. 한국 교회 청소년 설교 전달 방법의 문제점 ··· 172

1) 말씀 전달을 위한 준비 부족 ·················· 172
　　2) 시선 접촉 없는 전달 ························ 174
　　3) 부적절한 음성 사용 ························ 175
　　4) 과도한 시청각 자료 의존 ···················· 177
　3. 청소년 설교 전달 시 고려해야 할 요소들 ······ 179
　　1) 언어적인 전달 요소 ························ 180
　　2) 비언어적인 전달 요소 ······················ 192
　4. 나가는 말 ···································· 204

제7장 청소년 설교의 실제 ·················· 206
　1. 들어가는 말 ·································· 207
　2. 청소년 설교의 실례 ·························· 208
　　1) 설교 1: 포도주가 된 물 ···················· 208
　　2) 설교 2: 왕따 ····························· 214
　　3) 설교 3: 매일매일 ························· 224
　3. 나가는 말 ··································· 235

제1장
청소년 설교의 정의[1]

오늘날 한국 교회의 많은 청소년 설교자들은 청소년 설교에 대한 분명한 이해 없이 설교의 현장으로 나서고 있는 것처럼 보인다. 그래서 그들은 청소년 설교를 누구나 할 수 있는 하나의 동화처럼 생각하거나 단순한 교훈적인 이야기 또는 자기 주장을 펼치는 시간으로 생각한다.

그러나 청소년 설교는 누구나 할 수 있는 사역이 아니다. 또 단순한 동화나 교훈적인 이야기도 아니다. 그것은 여러 가지 기준들을 필요로 하는 하나의 종합적인 개념이다. 즉, 다음과 같이 11개의 기준들을 토대로 하여서 정의될 수 있는 종합적인 것이다.

청소년 설교란 교회에서, 하나님의 명령에 의존하여, 부름 받은 설교자가, 성경에 근거하며, 개별적인 삶에 기초하여, 그러나 성령 하나님을 의지하여, 삼위일체 하나님의, 계시의 말씀을, 청소년을 향하여, 전달하는, 한 시도이다.

---

[1] 이 글은 〈신학 이해〉 제25집에 수록된 본인의 글을 수정·보완한 것이다.

1. 들어가는 말

오늘날 한국 교회의 심각한 문제들 중 하나는 청소년[2]들이 교회를 떠나고 있다는 사실이다. 〈한국기독공보〉에 따르면, 예장 통합의 교회학교 중고등부 학생 수는 1995년 26만 4,467명이었던 것이 2000년에는 19만 40명으로 5년 사이에 7만 명 이상이 감소하였고, 2002년 통계 역시 18만 6,847명으로 여전히 증가보다는 감소의 길을 가고 있음을 알 수 있다.[3]

이러한 교회학교 학생 수의 감소 원인을 사람들은 보통 교회 외적인 요인들 가운데서 찾는다. 예를 들면, 이상훈은 다음의 세 가지를 그 원인으로 제시한다. 첫째, 대학 입시로 대표되는 학력 제일주의, 둘째, 대중문화의 영향력, 셋째, 기독교 학교에서의 기독교 교육의 쇠퇴[4] 등이 그것이다.

물론 이 세 가지 주장들은 어느 정도 설득력이 있어 보인다. 왜냐하면 이러한 주장들에 대한 학자들의 깊은 연구나 논증이 없이도 오늘날 우리의 현실은 누구에게나 쉽게 이러한 현실에 직면할 수 있게 만들기 때문이다.

그렇다면 오늘의 한국 교회 청소년들은 이러한 교회 외적인 요인들에 의해서만 교회를 떠나거나 교회에 무관심할 수밖에 없는 것일까? 그것은 아닌 것처럼 보인다. 왜냐하면 오늘날 청소년들이 한

---

2) 민중서림에서 나온 〈엣센스 국어사전〉에 따르면, '청소년'이란 '청년과 소년을 아울러 이르는 말'이다. 그러나 여기서는 편의상 보통 교회의 교회학교에 출석하는 초등학생과 중고등부 학생들을 총칭하는 의미로 사용된다.
3) "잃어버린 아이들의 꿈을 찾아라", 〈한국기독공보〉(2002. 10. 19), 제3면.
4) Ibid.

국 교회를 떠나는 이유는 위에서 언급된 교회 외적인 요인들 외에 교회 내적인 문제들 때문이기도 하기 때문이다.

그렇다면 청소년들이 교회를 외면하게 만드는 교회 내적인 문제에는 어떤 것들이 있을까?

아마도 사람들마다 여러 가지 문제점들을 제시할 수 있을 것이다. 예를 들면, 이상훈은 교역자의 잦은 교체를 주장한다.[5] 교역자가 너무 자주 바뀌기에 한 교회의 특성에 맞는 교육 정책을 세우거나 이를 집행하기가 힘들며, 그러한 이유 때문에 교회학교는 성장할 수 없다는 것이다. 이상훈의 주장은 대부분의 사람들이 쉽게 납득할 수 있는 문제 제기인 것처럼 보인다. 왜냐하면 1년이나 2년 단위로 끊임없이 바뀌며, 전문성이 없는 오늘날 한국 교회의 청소년 지도자들로부터 안정적이고 지속적으로 성장하는 교회학교를 기대하기는 어렵기 때문이다.

그렇다면 과연 한국 교회가 교육전도사나 교회학교 지도자의 임기를 장기간으로 늘린다면 한국 교회의 청소년 문제는 해결될 수 있을까? 필자가 보기에는 이러한 단순한 접근만으로는 오늘날 한국 교회가 직면한 심각한 청소년 문제를 해결할 수는 없을 것으로 보인다. 왜냐하면 오늘날 한국 교회에는 위에서 제시된 단순한 해결책으로는 쉽게 해결할 수 없는, 보다 더 근본적인 문제들이 있기 때문이다.

그렇다면 그 근본적인 문제들은 무엇인가?

그것은 바로 한국 교회 교회학교의 가장 중심적인 과제인 예배

---

5) *Ibid.*

와 설교에 문제가 있다는 것이다. 청소년들이 교회를 찾거나 교회에 남기 위해서는 교회가 교회의 본질적인 사역인 예배와 설교를 통하여 청소년들에게 세상이 줄 수 없는 참된 기쁨을 제공해야 하는데, 오늘날 청소년 예배와 설교는 이러한 사명을 감당하지 못하고 있다.

은혜로우신 우리 하나님은 우리 청소년들에게 세상이 줄 수 없는 참된 기쁨을 주기를 원하신다(시 16:11; 사 12:3, 35:10; 요 16:24 등등). 즉, 청소년들은 교회에 나와서 하나님을 예배하고 또 하나님의 말씀을 들음으로써 세상에서 누릴 수 없는 참된 기쁨을 얻을 수 있어야 한다. 그러나 오늘의 한국 교회는 청소년 예배와 설교에 무관심하거나 또 부족함을 드러냄으로써, 청소년들이 교회로부터 기대할 수 있는 기쁨을 제공하지 못하고 있는 것처럼 보인다.

그렇다면 한국 교회의 청소년들이 오늘날의 청소년 예배와 설교로부터 하나님이 주시는 기쁨을 얻을 수 없는 것은 무엇 때문일까? 우리는 한국 교회 청소년 예배와 설교가 실패의 길을 걸을 수밖에 없는 이유를 여러 가지로 생각해 볼 수 있다.

예를 들면, 목회자들의 예배신학(worship theology)을 문제로 들 수 있다. 즉 한국 교회 목회자들은 매 주일 여러 차례 예배를 인도하고 또 드리지만, 자신들이 드리는 예배가 진정으로 어떤 의미를 갖고 있는지에 대한 분명한 신학적인 인식이 부족하다는 것이다.[6] 목회자들의 이러한 예배신학의 부족은 청소년 지도자들에게서도

---

6) Keumyong Kim, "A Study of Trinitarian Preparation for Christian Public Worship Service"(Ph. D. dissertation University of Aberdeen, 2000), 240-241.

마찬가지로 나타나고 있는 것처럼 보인다. 왜냐하면 보통 교육전도사라는 청소년 지도자에서 일정한 지식과 경륜을 쌓아 장년 목회자로 성장하는 것이 일반적인 한국 교회의 현실에서, 장년 목회자보다 여러 가지 면에서 부족한 청소년 지도자에게 장년 목회자에게 부족한 예배 신학이 충분하리라고 기대할 수는 없기 때문이다.

예배 신학의 부족 외에도 우리는 여러 가지 다른 이유들을 생각해 볼 수 있다. 그러나 지면 관계상 여기서 청소년 예배와 설교에 관계된 모든 문제들을 자세히 다룰 수는 없다.

그러므로 여기서는 우리의 주된 관심사인 청소년 설교의 문제만을 한정하여 살펴본다. 즉, 우리 청소년들이 교회를 외면하거나 떠나는 이유를 청소년 설교의 관점에서 살펴보려는 것이다. 그러나 역시 여기서 청소년 설교에 관련된 모든 문제들을 다 살펴볼 수는 없다. 그러므로 여기서는 한국 교회 청소년 설교의 가장 심각한 문제들 중 하나이며 동시에 모든 청소년 설교 문제의 근원인 청소년 설교 이해의 문제만을 살펴보려 한다. 곧 청소년 설교에 대한 바른 이해 없이 혼돈 속에서 행해지는 한국 교회 청소년 설교의 문제점을 지적하고, 올바른 청소년 설교 이해를 제시한다는 것이다.

그리고 이러한 목적을 달성하기 위하여 우리는 먼저 오늘날 한국 교회의 청소년 설교 이해(understanding)의 문제점들을 분석한다. 왜냐하면 문제가 무엇인가를 알아야 좀더 분명한 해답을 기대할 수 있기 때문이다. 그리고 이어서 청소년 설교의 정의를 시도한다. 그러나 이상적인 청소년 설교의 정의를 위해서는 여러 가지 다양한 기준들이 포함되어야 하기에, 먼저 필요한 기준들의 개념을 살피고 후에 종합적인 청소년 설교 정의를 제시한다.

2. 청소년 설교 이해의 문제점

그렇다면 오늘날 한국 교회의 청소년 설교 이해의 문제점은 무엇인가?

우리는 한국 교회의 청소년 설교 이해의 문제점을 다음과 같이 몇 가지로 나누어 생각해 볼 수 있다.

첫째, 청소년 설교를 성경 동화로 생각하는 경향이다.

즉 청소년 설교와 성경과 관련된 동화를 동일시하는 것이다. 이러한 경향은 설교가 연령이 낮은 청소년들을 대상으로 할수록 더욱 그러하다. 예를 들면, 유영금은 "작지만 할 일이 있어요"라는 제목의 설교에서, 설교 내용의 대부분을 본문 말씀인 누가복음 12장 44-47절 내용을 재미있게 각색한 내용으로 구성한다. 그리고 마지막 부분에서만 다음과 같이 말한다.

> 친구 여러분! 집에서나 (유치원)에서나 교회에서 하는 모든 일은 다 하나님께서 우리에게 맡겨주신 일이에요. 하나님은 보이시지 않지만 우리가 하는 모든 것을 지금도 다 보고 계신답니다.[7]

여기서 유영금은 청소년 설교를 성경 내용을 재미있게 동화 형

---

7) 유영금, "작지만 할 일이 있어요", 〈기독교 교육〉(1990. 2), 104.

식으로 각색하여 들려주며, 마지막 부분에서 그 동화 내용 중 일부를 삶에 간단히 적용하는 것으로 이해하고 있는 것처럼 보인다.

또 다른 설교자 오소운은 "모이기를 힘쓰자"라는 설교에서, 설교의 모든 내용을 본문 말씀인 사도행전 2장 46-47절에 나오는 내용 중 "모이기를 힘쓰고"라는 부분을 설명하기 위하여 '돌이' 라는 아이와 어머니의 대화 내용으로 구성한다. 여기서 어머니는 아궁이 안에서 불타던 장작을 밖에 꺼내 놓음으로 꺼지는 사건을 말하며, '돌이' 와 어머니가 믿음을 지키기 위해서는 비록 교회가 멀어도 열심히 나가야 한다고 말한다.[8]

즉, 여기서 오소운은 설교의 전 내용 중 그 어디에서도 본문 말씀이나 본 설교가 하나님의 말씀이라는 사실을 언급함 없이, 단지 돌이와 어머니의 동화 같은 대화만을 제시한다. 따라서 오소운에게 있어서 청소년 설교는 본문 말씀의 일부를 설명하기 위하여 재미있게 구성된 동화인 것처럼 보인다.

그렇다면 청소년 설교는 과연 유영금과 오소운이 제시하는 대로 성경 동화일까? 물론, 청소년 설교는 설교의 대상이 청소년들이기에 청소년들이 쉽게 이해할 수 있도록 청소년들의 눈높이에 맞는 동화 형식을 빌릴 수 있다. 청소년들이 설교 내용을 쉽게 이해할 수 있도록 커뮤니케이션(communication)의 한 방법으로 동화적인 요소를 가미할 수 있다.

그러나 우리는 청소년 설교와 성경 동화를 동일시할 수는 없다. 왜냐하면 청소년 설교는 성인들을 대상으로 하는 설교와 마찬가지

---

8) 오소운, 《도루묵》(서울: 백합출판사, 1992), 99-101.

로 여전히 설교이기에, 설교가 갖추어야 할 기본적인 요소들을 포함해야 하기 때문이다. 예를 들면, 청소년 설교는 하나님의 말씀으로서, 그것이 진정한 하나님의 말씀이 되기 위해서 철저히 하나님의 말씀인 성경 말씀에 의존해야 한다. 그리고 역시 하나님께서 성경의 어떤 말씀을 통하여 청소년들에게 말씀하고 계신지 구체적으로 보여주어야 한다.

그러나 위에서 언급된 두 설교는 이러한 사실을 보여주지 못한다. 단지 설교자들이 자신들의 시각에서 설교의 내용과 본문 말씀을 간접적으로 연결시키고 있을 뿐이다.

결론적으로 우리는 청소년 설교와 성경 동화가 동일한 것이 아님을 알 수 있다.

둘째, 청소년 설교를 단순히 교훈적인 이야기로 생각하는 경향이다.

즉, 청소년 설교를 단순히 청소년들이 성장하는 데 필요한 사회적이고 윤리적인 교훈으로 생각하는 것이다. 예를 들면, 이진우의 《청소년 설교, 이렇게 하십시오》라는 책에 실린 "현미경의 눈과 망원경의 눈"이란 제목의 설교는 본문 말씀으로 고린도후서 5장 17절을 제시한다. 그러나 설교의 내용을 보면 본문 말씀과 상관없이, 다른 사람을 볼 때는 망원경의 눈으로 보고 자신을 볼 때는 현미경의 눈으로 보며 살아야 한다고 가르친다.[9] 즉, "현미경의 눈과 망원경의 눈"이란 설교에 나타난 청소년 설교는 단순한 교훈적인 이야기인 것처럼 보인다.

---

9) 이진우, 《청소년 설교, 이렇게 하십시오》(서울: 한국문서선교회, 1999), 188-189.

그러면, 청소년 설교는 단순한 교훈적인 이야기를 말하는 것인가? 물론, 위의 설교처럼 청소년 설교는 하나님의 자녀이나 역시 사회 구성원의 일부인 청소년들이 사회생활에 바르게 적응할 수 있도록 사회적이고 윤리적인 교훈들을 그 내용으로 포함할 수 있다. 또 이진우가 제시한 대로 청소년들 역시 이러한 교훈적인 설교를 선호할 수 있다.[10]

그러나 우리가 청소년 설교를 단순히 교훈적인 이야기로 생각한다면, 우리는 청소년 설교와 타 종교의 교훈적인 이야기를 구별할 수 없다. 또 그것을 사회의 도덕적인 이야기와도 구별할 수 없다.

그러므로 우리는 청소년 설교가 단순히 교훈적인 이야기가 아님을 알 수 있다.

셋째, 청소년 설교를 설교자의 개인적인 자기 주장으로 생각하는 경향이다.

이러한 경향은 성인들을 대상으로 하는 설교에서도 자주 등장한다. 즉, 설교자가 본문 말씀을 제시하기는 하지만, 그 본문을 통하여 말씀하시는 하나님의 말씀을 전하기보다는 설교자의 개인적인 생각을 주장하는 것이다. 이런 경우, 설교의 내용은 본문 말씀과 다를 수 있다. 또 설교의 내용이 본문 말씀과 일치하더라도, 설교자가 본문을 통하여 말씀하시는 하나님의 말씀을 전하는 것이 아니라 설교자의 시각에서 본문을 이해하고 자신의 주장을 뒷받침해 주는 근거로서 성경 말씀을 사용하기에, 설교자는 말씀의 전달자라기보다 지배자로 등장한다.

---

10) *Ibid.*, 117.

예를 들어 보자. 서성복은 그의 책 《예화별 어린이 10분 설교집》에서 "억지로 하자"라는 제목의 설교를 제시한다. 여기서 그는 마태복음 27장 32절 "나가다가 시몬이란 구레네 사람을 만나매 그에게 예수의 십자가를 '억지로' 지워 가게 하였더라"라는 본문 말씀을 가지고 다음과 같이 설교를 전개한다.

> 신문에 나오거나 1등을 하거나 다윗처럼 모든 것을 가졌어도 다 헛됩니다. 그러나 헛되지 않은 것이 있습니다. 억지로 하는 것입니다. 구레네 시몬은 예루살렘에 왔다가 우연히 억지로 예수님의 십자가를 졌습니다. 믿음으로 진 것이 아닙니다. 억지로 잡혀서 졌습니다. 그래서 큰 은혜를 받았습니다. 여러분도 교회에 나오는 것이 힘들지만 억지로 나오고, 그래서 억지로 감사하고, 억지로 기도하고, 성경을 읽으면 존귀한 자가 됩니다. 여러분도 억지로 교회에 나오고 믿음을 지키는 어린이가 되기를 바랍니다.[11]

여기서 서성복은 구레네 시몬이 억지로 예수님의 십자가를 져서 복을 받았기에 우리도 억지로 교회에 나오고 억지로 신앙생활을 해야 한다고 주장한다. 그렇다면 과연 위의 설교대로 우리가 하나님의 은혜를 받기 위해서는 억지로 신앙생활을 해야 하는 것일까?

물론 우리가 어떤 일을 할 때, 특별히 좋은 일을 할 때에는 그 일을 하는 것이 쉽지 않기 때문에 억지로 하는 경우가 있을 수 있다. 그러나 마태복음 27장 32절의 사건을 통하여 구레네 시몬이 하나

---

11) 서성복, 《예화별 어린이 10분 설교집》(서울: 은혜출판사, 2001), 115-118.

님의 은혜를 입었다면, 그것이 억지로 했기 때문일까? 억지로 했기 때문이 아니라 예수님의 십자가를 지는 귀한 일을 했기 때문이 아닐까? 다시 말하여, '억지로 하자'라는 설교는 모든 일을 억지로라도 해야 한다는 설교자의 자기 주장을 여러 가지 예화와 성경 말씀을 통하여 펼치고 있는 것처럼 보인다.

또 다른 설교자 한철희의 "우리는 하나"라는 설교를 살펴보자. 이 설교의 내용 역시 설교자의 개인적인 주장처럼 보인다.

이 설교의 내용은 가장을 잃어버린 한 가정의 이야기로 시작한다. 아버지의 사업 실패와 죽음으로 어머니와 두 형제는 뿔뿔이 흩어져 생활한다. 어머니는 가정부로, 형은 신학생으로 기숙사에서, 동생은 숙소가 딸린 공장에서 생활한다. 이들은 가족을 그리워하며 매일 밤 10시에 하나님께 기도드린다. 그리고 결국 2년이 지난 어느 날, 서울 변두리의 한 월세 방에 모여 가족이 흰 지붕 밑에 사는 기쁨을 만끽한다.[12] 설교자는 설교의 4분의 3 정도를 이 이야기로 채우고, 다음과 같이 말한다.

> 하늘나라에서는 우리 믿는 사람들이 예수님을 모시고 모든 천사들과 함께 서로 사랑하며 즐겁고 행복하게 살아갑니다. 그런데 아빠와 엄마와 언니, 동생이 한 지붕 밑에서 오순도순 사이좋게 사는 모습은 꼭 하늘나라를 닮았어요. 온 가족이 함께 사는 즐거운 가정은 끊이지 않고 솟아오르는 기쁨의 샘이에요. 아름다운 향기와 꽃으로 가득 찬 정원이며, 우리의 지치고 피곤한 몸을 쉬게 하는 포근한 안식처랍니다.

---

12) 한철희, "우리는 하나", 〈기독교교육〉(1990. 5), 108-109.

어린이 여러분, 우리에게 부모님을 주신 하나님께 감사하며 항상 아버지, 어머니 말씀에 순종하고 형제들과 다투지 아니하는 사랑스러운 어린이들이 되어야겠어요.[13]

즉, 설교자는 위의 설교를 통하여 가정의 소중함과 하나 됨을 주장하고 있는 것처럼 보인다. 그러나 위의 설교자가 본문 말씀으로 제시하는 성경 구절인 신명기 5장 16절과 시편 128편 3절은 각각 부모 공경과 그 복 그리고 여호와를 경외하는 자가 누리게 될 아내와 자녀의 복에 대하여 말한다. 이것은 설교자가 제시하고 있는 성경 말씀과 설교의 내용이 일치하지 않는 것처럼 보인다. 즉, 위의 설교자는 본문에 대한 깊은 이해 없이 설교를 통하여 자신의 생각을 주장하고 있는 것처럼 보인다.

그렇다면 과연 청소년 설교는 위의 설교자들의 생각처럼 설교자의 자기 주장에 불과한 것일까?

물론, 위의 두 설교에서 나타나는 것처럼, 설교자는 설교를 통하여 자신의 주장을 드러낼 수 있다. 또 본문 말씀에 대한 자신의 입장을 표현할 수 있다. 그러나 설교의 내용이 하나님이 주신 성경 말씀과 직접적으로 연결되지 않거나, 연결된다 하더라도 그것이 자신의 주장을 뒷받침하기 위하여 사용된다면, 그것이 진정으로 '하나님의 말씀인 설교'[14]라고 할 수 있을까?

---

13) *Ibid.*, 109.
14) 김금용, "설교의 한 신학: 삼위일체 하나님의 말씀으로서의 설교", 〈신학이해〉 제23집(2002), 265.

넷째, 청소년 설교를 누구나 할 수 있는 것으로 생각하는 경향이다.

즉, 설교에 대하여 일정한 교육을 받은 목사나 전도사가 아니더라도 누구나, 예를 들면 부장집사나 교회학교 교사 역시 설교할 수 있다고 믿는 것이다. 예를 들어 보자. 앞에서 언급한 이진우의 《청소년 설교, 이렇게 하십시오》에 실린 "현미경의 눈과 망원경의 눈"이란 설교는 박은배에 의해서 작성되었다.

그런데 박은배는 위의 설교를 작성할 당시 금옥여고 교사이며, 여의도순복음교회 안수집사였다.[15] 즉, 설교 "현미경의 눈과 망원경의 눈"은 목사나 전도사가 아닌 집사에 의하여 작성되었다. 다시 말하여, 이진우는 집사 역시 청소년 설교를 할 수 있다고 믿는 것처럼 보인다.

또 다른 설교자 최성성 역시 목사나 진도사기 아닌 평신도가 설교할 수 있다고 믿는 것처럼 보인다. 그러므로 그는 그의 청소년을 위한 설교집의 표제를 "교회학교 교사를 위한 성경 인물 설교"라고 하였다.[16] 즉, 최정성에게 있어서 청소년 설교는 교회학교 교사들도 할 수 있는 사역인 것처럼 보인다. 한국 교회의 이러한 경향은 필자의 조사에 따르면 지금도 여러 교회들에서 실제로 나타나고 있는 현상이다.

그렇다면 과연 청소년 설교는 누구나 할 수 있는 사역일까? 그렇지는 않다. 왜냐하면 청소년 설교는 성인들을 위한 설교와 마찬가

---

15) 이진우, *op. cit.*, 189.
16) 참고. 최정성,《교회학교 교사를 위한 성경 인물 설교》(서울: 백합출판사, 1991).

지로 역시 하나님의 말씀인 설교이며, 또 청소년 설교가 하나님의 말씀인 설교이기 때문에 당연히 성인들을 위한 설교와 마찬가지로 일정한 설교 교육을 받은 목회자들에 의해서만 행해져야 하기 때문이다.

특별히 개혁교회 전통(the Reformed Tradition)을 따르는 교회라면, 종교개혁자 칼빈이 설교를 목사의 두 가지 주요한(principal) 직무 중 하나로 언급하는 데서 알 수 있는 것처럼,[17] 설교가 목사의 고유한 직무이기 때문에 청소년 설교 역시 누구나가 아니라, 가능한 한 철저히 설교에 관련된 교육을 받고 또 설교를 위해서 안수받은(ordained) 목사에 의하여 행해지도록 노력해야 할 것이다.

이외에도, 우리는 한국 교회 청소년 설교 이해의 여러 가지 문제점들을 생각해 볼 수 있다. 예를 들면, 양승헌이 지적하는 것처럼, 청소년 설교를 어른 설교의 축소판[18]으로 생각한다든지, 또 청소년 설교를 일종의 설교 연습[19]으로 생각하는 경향 등이다. 그리고 청소년 설교자이면 누구나 쉽게 가질 수 있는 오해로서, 청소년 설교를 적절한 준비 없이도 할 수 있는 것으로 생각하는 것이다.

이러한 모든 잘못된 견해들은 한국 교회에서 속히 시정되어야 한다. 그리고 청소년 설교자들은 바람직한 청소년 설교 이해를 바탕으로 청소년들에게 하나님의 말씀을 바르게 전함으로써 청소년

---

17) John Calvin, *Institutes of the Christian Religion Volume II*, translated by Henry Beveridge(Edinburgh: T.&T. Clark, 1875), 320.
18) 양승헌, 《어린이 설교 클리닉》(서울: 도서출판 디모데, 2001), 13-14.
19) *Ibid.*, 17.

들을 바른 길로 인도해야 할 것이다.

3. 청소년 설교를 위한 도표들

그렇다면 바람직한 청소년 설교 이해는 어떤 것일까? 우리는 청소년 설교를 어떻게 정의해야 바르게 이해하는 것일까? 그러나 한 마디로 청소년 설교가 무엇인가를 정확하게 정의하는 것은 불가능한 일인 것처럼 보인다.

왜냐하면 청소년 설교는 하나님의 말씀이기 때문에 하나님과, 그리고 성경 말씀을 근거로 하기에 성경 말씀과, 또 설교자를 필요로 하기 때문에 설교자와, 또 청소년을 대상으로 하기에 청소년과 긴밀히 연결되어 있는데, 우리 인간의 불완전성(imperfectness)[20]은 이들 각각의 개념들을 완전하게 이해할 수 없을 뿐더러, 이 개념(concept)들이 어떻게 결합되어야 청소년 설교라는 완전한 단일 개념으로 발전할 수 있는지를 정확히 알 수 없기 때문이다.

하지만 우리는 역시 여전히 매주 교회에서 행해지고 있는 청소년 설교를 위하여, 가능한 한 적절한(pertinent) 청소년 설교 정의를 필요로 한다. 왜냐하면 청소년 설교가 무엇인가에 대한 적절한 개념 정의 없이 합리적인(reasonable) 청소년 설교 사역을 기대할 수는

---

20) 칼빈에 따르면, 인간의 자연적인 재능(the natural endowments)은 부패하였고, 초자연적인 것은 거의 전적으로 상실되었다. 참고. John Calvin, *Institutes of the Christian Religion Volume I*, translated by Henry Beveridge(Edinburgh: T.&T. Clark, 1875), 221.

없기 때문이다.

그렇다면 청소년 설교란 무엇인가? 우리는 위에서 언급한 대로 완전한 정의는 불가능할지라도, 바르트(Karl Barth)가 말한 것처럼, 설교의 정의를 위한 도표(signpost)[21]들을 세울 수는 있을 것처럼 보인다. 즉, 한국 교회 청소년 설교가 바른 길을 갈 수 있도록 가이드라인을 정하고, 또 그것을 위한 기준(criterion)들을 제시하는 것이다.

그렇다면 우리는 합리적인 청소년 설교 정의를 위하여 어떤 기준들을 세울 수 있을까?

물론, 우리는 각자의 관점(viewpoint)에 따라서 학자들의 설교 정의를 분석함으로써 청소년 설교 정의를 위한 여러 가지 기준들을 제시할 수 있다. 그러나 필자가 분석한 바에 따르면, 오늘날 한국 교회의 청소년 설교를 위해서는 최소한 다음과 같이 11가지의 기준들이 필요한 것처럼 보인다. 그럼 이제부터 그 11가지 기준들을 자세히 살펴보자.

1) 하나님의 말씀

청소년 설교의 첫 번째 기준은 청소년 설교가 하나님의 말씀(the Word of God)이라는 사실이다. 즉 청소년 설교는 본질적으로 인간인 청소년 설교자의 개인적인 주장도 또 그 무엇도 아닌 하나님의 말씀이라는 사실이다.

---

[21] Karl Barth, *Homiletics*, translated by Geoffrey W. Bromiley and Donald E. Daniels(Louisville: Westminster/John Knox Press, 1991), 45.

그럼 왜 청소년 설교는 인간의 말이라기보다 하나님의 말씀인가? 왜냐하면 그것은 성인들을 대상으로 하는 설교와 마찬가지로, 청소년 설교 역시 설교자가 하나님의 기록된 말씀(God's Word written)인 성경 말씀[22]을, 성령 하나님(the Holy Spirit)을 통하여 하나님으로부터 받아서 청소년들에게 전하는 것이기 때문이다.

즉, 청소년 설교는 비록 그 대상이 청소년들이기 때문에 길이에 있어서는 짧을 수도 있고, 또 전달(delivery) 면에서는 주의 집중력이 약한 청소년들을 대상으로 하기 때문에 가능한 한 청소년들의 마음을 사로잡을 수 있는 방법들을 선택할 수 있어도, 그것은 본질적으로 하나님의 말씀인 성경으로부터 오며, 또 설교의 근거와 목표 그리고 그 모든 영광이 모두 하나님의 주권적인 의지(sovereign will)에 기초하기[23] 때문에 하나님의 말씀이라는 것이다.

물론 여기에서 우리는 앞에서 청소년 설교를 잘못 이해한 사람들에 의하여 제기되었던 것처럼, 청소년 설교에서 설교자들의 자기 주장이나 동화적인 요소들을 발견할 수도 있다. 그러나 이러한 면들이 청소년 설교의 본질일 수는 없다. 왜냐하면 그러한 요소들만으로는 세상의 재미있는 동화나 교훈적인 이야기들로부터 청소년 설교를 구별할 수 없을 뿐더러, 청소년 설교가 하나님의 말씀이라는 사실을 논증할 수도 없기 때문이다.

그러므로 청소년 설교자들은 설교를 준비할 때 철저히 하나님의

---

22) John Stott, *I Believe in Preaching*(London: Hodder & Stoughton, 1982), 96.
23) Michael Duduit, ed., *Handbook of Contemporary Preaching*(Nashville: Broadman & Holman Publishers, 1992), 14.

말씀인 성경에 의존해야 하며, 또 성경 말씀을 전할 때에는 설교자의 자의(free will)대로 추론(speculation)하여 전하기보다 하나님의 뜻대로 해설(exposition)하여 하나님의 뜻을 전달함에 목표를 두어야 한다.

그리고 설교의 형식에 있어서도 설교의 주인이 설교자가 아니라 하나님이 되도록 구성하여야 한다.

2) 삼위일체 하나님

청소년 설교의 두 번째 기준은 삼위일체 하나님(the triune God)이다. 즉, 청소년 설교가 삼위일체 하나님의 말씀이 되어야 한다는 것이다.

앞에서 우리는 청소년 설교가 하나님의 말씀이라는 사실을 알았다. 그러나 오늘날 우리는 청소년 설교가 단지 하나님의 말씀이라는 사실에만 만족할 수 없다. 왜냐하면 종교 다원주의 시대를 맞이하여 우리는 기독교의 하나님 외에도 다양한 이름의 하나님 개념을 만나기 때문이다.[24] 또한 우리는 하나님에 대한 편협한 지식으로 왜곡된(distorted) 하나님 개념이나, 왜곡된 하나님의 말씀을 전하는 설교자들을 만날 수 있기 때문이다.

그러므로 이제 우리는 청소년 설교가, 타 종교의 하나님이나 왜곡된 하나님 개념에 기인한 하나님의 말씀이 아니라 기독교의 하나님 즉 삼위일체 하나님의 말씀이라는 사실을 확인할 필요가 있다.

---

24) Keumyong Kim, op. cit., 31.

그리고 이제부터 청소년 설교자들은 아버지와 아들과 성령, 삼위로 구별되나 본질적으로 한 분이신 하나님, 곧 삼위일체 하나님의 뜻을 따라서 청소년 설교를 삼위일체적으로 준비할 필요가 있다. 다시 말하여, 한국 교회 설교자들은 이제부터 삼위 하나님의 말씀이 서로 동등하게 구별되나 한 분 하나님의 말씀으로 선포될 수 있도록, 청소년 설교를 삼위일체적으로 준비하여 전해야 할 것이다.[25]

3) 하나님의 명령

청소년 설교를 위하여 청소년 설교자가 기억해야 할 또 다른 기준은, 청소년 설교는 하나님의 명령에 기인한다는 사실이다. 즉 청소년 설교는 설교자의 뜻이나 의지 또는 다른 사람에 의한 강요에 의해 행해지는 것이 아니라, 오직 하나님의 부르심과 그의 위탁(commission) 그리고 명령(command)에 의해 행해져야 한다는 것이다.

그래서 호세아 1장 1절은 다음과 같이 말한다.

"여로보암이 이스라엘 왕이 된 시대에 브에리의 아들 호세아에게 '임한' 여호와의 말씀이라."

즉, 호세아가 이스라엘 백성들에게 하나님의 말씀을 전했던 것

---

[25] 이것에 대한 좀더 구체적인 논의는 김금용, "삼위일체적 설교 준비를 위한 한 연구", 〈신학이해〉 제21집(2001), 206-227; 김금용, "설교의 한 신학: 삼위일체 하나님의 말씀으로서의 설교", 〈신학이해〉 제23집(2002), 263-284를 보라.

은, 자신의 뜻이나 생각이 아니라 하나님의 말씀이 임했기 때문이라는 것이다. 또 이사야 2장 1절은 말한다.

"아모스의 아들 이사야가 '받은 바' 유다와 예루살렘에 관한 말씀이라."

즉, 이사야가 이스라엘 백성들에게 말씀을 전한 이유는, 자신의 의지가 아니라 하나님으로부터 말씀을 받았기 때문이라는 것이다. 또 신약의 고린도전서 9장 16절은 다음과 같이 말한다.

"내가 복음을 전할지라도 자랑할 것이 없음은 내가 부득불 할 일임이라 만일 복음을 전하지 아니하면 내게 화가 있을 것이로다."

여기서 사도 바울은, 자신이 복음을 전하는 것은 자신의 계획이 아니라 부득불 할 수밖에 없는 위탁된 일임을 고백한다. 즉, 신구약 성경을 통하여 말씀을 전한 자들의 공통점은, 말씀의 주인이 아니라 말씀을 위탁받아 전한 전달자들이었으며, 하나님의 명령에 의존하였다는 것이다.

이것은 청소년 설교 역시 마찬가지다. 청소년 설교가 진정한 설교가 되려면 청소년 설교 역시 철저히 하나님의 명령에 의존해야 한다. 즉, 청소년 설교자들은 자신의 말이 아니라, 성경을 통하여 위탁하시는 하나님의 말씀만을 전해야 하는 것이다. 다시 말하면, 청소년 설교자들은 성경을 통하여 하나님을 만나고, 하나님께서 성경 말씀을 통하여 주시는 메시지를 받아서 청소년들에게 전해주어야 한다. 그리하면 청소년 설교는 "그의 종인 설교자를 통해서 말씀하시는 하나님 자신의 말씀이 되기에 권위가 있게 된다."[26]

4) 교회

청소년 설교를 위한 네 번째 기준은 교회이다. 청소년 설교는 주로 교회에서 이루어져야 한다는 것이다. 왜냐하면 교회는 말씀이 선포되고 또 성례전이 행해지는 곳[27]으로서, 하나님이 당신의 백성들에게 필요한 말씀을 선포하기 위하여 세우신 곳이기 때문이다.

하나님은 당신의 영광을 위하여 온 세상과 그 피조물들을 창조하셨다.[28] 그러나 사람의 범죄로 말미암아 피조물과 하나님, 사람과 하나님의 관계가 깨어졌나. 그렇지민 사랑의 하나님은 이런 깨어진 관계가 다시 회복되기를 원하셨다. 그러므로 하나님은 그의 독생하신 아들 예수 그리스도를 세상에 보내셨고, 그를 통하여 새로운 화해의 길을 여셨다. 그리고 그 화해의 길을 설교를 통하여 알리고, 그 깨어진 관계를 회복하기 위하여 그리스도의 몸 된 교회를 세우셨다. 즉, 하나님은 교회에서 말씀이 선포되게 하심으로 그 화해와 회복의 길을 여셨다. 그러므로 교회와 설교는 분리될 수 없다.

---

26) Ralph G. Turnbull, ed., *Baker's Dictionary of Practical Theology*(Michigan: Baker Book House, 1967), 1.
27) John Calvin, *Institutes of the Christian Religion Volume II*, 289.
28) Stanley J. Grenz, *Theology for the Community of God*(Carlisle: The Paternoster Press, 1994), 634.

따라서 설교를 위하여 안수받은 목사[29]와 교회의 첫째 임무는 똑같이 하나님의 말씀을 전하는 것[30]이며, 설교는 개인적이기보다 공동체적이며,[31] 교회 안에서 복음은 더 효과적으로 전달된다.[32]

결국, 설교는 성례전과 성경 말씀이 있는 교회에서 행해져야 한다.[33] 따라서 우리는 교회를 떠난 청소년 설교를 생각할 수 없다.

5) 특별 교역

청소년 설교를 위한 또 다른 기준은 특별 교역(special ministry)이다. 즉, 청소년 설교는 원하는 사람이면 누구나 할 수 있는 사역이 아니라 하나님으로부터 특별한 부르심을 받은 사람에 의해서만 행해져야 한다는 것이다.

앞에서 우리는 오늘날 한국 교회에서 청소년 설교가 평신도들에 의해서도 행해지고 있음을 지적하고, 가능한 한 안수받은 목사에 의해 행해져야 함을 주장했다.

여기에는 다음과 같은 몇 가지 이유가 있다.

첫째, 성경이 이미 초대 교회 때부터 평신도의 사역과 다르게 특별하게 구별된 목회 사역이 있었음을 증거하고 있기 때문이다(엡

---

29) 총회헌법개정위원회, 《헌법》(서울: 대한예수교장로회 총회 출판국, 1991), 191.
30) Martyn Lloyd-Jones, *Preaching and Preachers*(London: Hodder & Stoughton, 1998), 26.
31) Peter Adam, *Speaking God's Words: A Practical Theology of Preaching*(Leicester: Inter-Varsity Press, 1996), 70-72.
32) Martyn Lloyd-Jones, *op. cit.*, 42-44.
33) Karl Barth, *op. cit.*, 62.

4:7-16 등등).

둘째, 설교는 모든 신학과 학문의 열매이기에 신학적인 훈련이 부족하거나 특별히 설교학 교육을 받지 못한 평신도들이 감당하기에는 너무나 어려운 사역이기 때문이다. 이러한 사실은 필자가 가르치는 학생들을 통해서도 충분히 검증된다. 보통 기본적인 신학 훈련을 마치고 '설교학 개론'을 이수한 학생들을 중심으로 '설교의 실제'라는 과목을 개설하여 실제로 한 편의 설교를 작성하고 구현(preaching)하게 한다. 그러면 대부분의 학생들이 설교라고 보기에는 너무나 초라한 설교를 하게 됨을 경험한다. 즉, 설교는 4년간의 대학 생활을 마치고 또 3년간의 신학대학원 과정을 거의 이수한 신학생들이 하기에도 매우 벅찬 과제이다.

셋째, 설교자가 갖추어야 할 '소명' 때문이다. "설교자는 설교하기로 결심한 그리스도인이 아니다."[34] 하나님의 설교를 위한 부르심 때문에, 설교 외에는 다른 일은 할 수 없는 사람이다.[35] 또 그 부르심이 무엇인가를 느끼고 그 일에 대한 두려움 때문에 약함과 두려움과 떨림을 느끼는 사람이다.[36] 그러므로 이러한 소명감을 갖지 못한 사람이 청소년 설교를 감당하는 것은 옳은 일이 아니다.

넷째, 교회의 역사와 전통 때문이다. 특별히 설교를 중시하는 개혁교회 전통에 속하는 교회, 그중에서도 필자가 속한 장로교에 소속된 경우라면 설교는 철저히 목사에 의해서 행해져야 한다. 왜냐

---

34) Martyn Lloyd-Jones, *op. cit.*, 103.
35) *Ibid.*, 105.
36) *Ibid.*, 106-107.

하면 이러한 전통에 속하는 교회에서 설교는 안수받은 목사만 하도록 되어 있기 때문이다.[37] 그래서 토런스(Thomas F. Torrance)는 장로교의 원조인 영국 스코틀랜드 교회(the Church of Scotland)의 목사 안수에 대하여 다음과 같이 말한다.

> 스코틀랜드 교회에서 우리는 한 사람을 하나님의 교회에서의 말씀과 성례전의 목회를 위하여 안수한다.[38]

스코틀랜드 교회에서 설교는 안수받은 목사의 사역이다.

위에서 언급된 이유들 때문에 청소년 설교는 가능한 한 목사에 의해 행해져야 한다.

그렇다면 우리는 오늘날 대부분 신학생들인 교육전도사들에 의하여 행해지는 청소년 설교를 어떻게 이해해야 할까? 여기에는 다음과 같은 두 가지 가능한 대답이 있는 것처럼 보인다.

첫째, 목사의 부족 때문이다. 제한된 숫자의 목사들로는 청소년 예배의 설교들을 감당할 수 없기 때문에 현실적으로 목사가 되기 위한 훈련 과정에 있는 신학생의 도움이 필요하다는 것이다.

둘째, 설교 실습적인 차원이다. 신학생이 온전한 설교자로 성장하기 위해서는 설교 실습이 필요하기에 청소년 설교의 장을 설교 실습의 장으로 삼는 경우이다. 그러나 이 두 번째는 청소년 설교의

---

37) Harry G. Goodykoontz, *The Minister in the Reformed Tradition*(Richmond: John Knox Press, 1963), 120.
38) Ray S. Anderson, ed., *Theological Foundations for Ministry*(Edinburgh: T.&T. Clark, 1979), 423.

정체성을 약화시키는 관점처럼 보인다. 왜냐하면 설교가, 설교자가 하나님으로부터 받은 하나님의 말씀이 아니라 설교자가 설교 훈련을 위하여 꾸며낸 이야기처럼 보일 수 있기 때문이다.

그러나 어떤 이유에서든지 목사가 아닌 전도사가 청소년 설교자로 나선다면, 그는 목사보다 여러 가지 면에서 더욱 부족한 자신의 연약함을 기억하고 더욱 최선을 다하여 떨리는 마음으로 청소년 설교를 감당해야 할 것이다.

6) 성경 말씀

청소년 설교자들이 청소년 설교를 위하여 기억해야 할 또 다른 중요한 기준은 '성경 말씀'이다. 즉, 청소년 설교는 성경 말씀을 토대로 해야 한다는 것이다. 왜냐하면 청소년 설교가 하나님의 말씀이 되기 위해서는 기록된 하나님의 말씀인 성경(the Bible)을 토대로 할 수밖에 없기 때문이다.

우리는 설교를 하나님의 말씀이라고 말한다. 그렇다면 인간인 설교자에 의하여 행해지는 설교가 어떻게 하나님의 말씀이 될 수 있을까? 그것은 설교가 기록된 하나님의 말씀인 성경에 근거하고 있기 때문이다. 즉, 설교가 비록 인간인 설교자에 의하여 행해지기 때문에 인간의 말처럼 보일지라도, 실상은 설교자 자신의 말이 아니라 기록된 하나님의 말씀인 성경에 근거하여 성경을 통하여 말씀하시는 하나님의 말씀을 전하는 것이기 때문에 하나님의 말씀이 된다.

그러므로 설교학자들은 설교는 철저히 성경에 근거해야 한다고 말한다. 예를 들면, 밀러(Donald G. Miller)는 "설교는 성경으로부터 나와야 한다"[39]고 주장하고, 아크트마이어(P. Mark Achtemeier)는 "설교가 성경에 기초해야 한다"[40]고 역설한다.

그러므로 우리는 청소년을 향하여 선포되는 하나님의 말씀인 청소년 설교가 성경을 떠나서 행해지는 것을 상상할 수 없다. 특별히 우리가 종교개혁자들의 주장대로 하나님의 말씀으로서의 성경의 완전성(sufficiency)[41]을 믿는다면, 우리는 성경을 떠난 청소년 설교를 생각할 수 없다.

7) 청소년

청소년 설교를 위한 또 다른 기준은, 청소년 설교는 청소년을 그 대상으로 한다는 사실이다. 즉, 청소년 설교는 다른 설교와는 달리 철저히 청소년을 대상으로 준비되고 선포된다. 설교의 대상이 다른 세대(generation)의 사람들과는 분명히 구별되는 청소년이라는 것이다.

설교는 항상 설교자만의 독백(monologue)이 아니다. 그것은 늘 그것의 대상인 회중을 갖는다. 그런데 청소년 설교는 그 대상이 청

---

39) Ralph G. Turnbull, ed., *op. cit.*, 1.
40) William H. Willimon and Richard Lischer, ed., *Concise Encyclopedia of Preaching*(Louisville: Westminster John Knox Press, 1995), 514.
41) 황승룡, 《신학 서론》(서울: 한국장로교출판사, 2003), 310; 성경의 완전성 혹은 충분성에 대한 좀 더 구체적인 논의는 Wayne Grudem, *Systematic Theology: An Introduction to Biblical Doctrine*(Leicester: Inter-Varsity Press, 1994), 127-135를 보라.

소년이라는 것이다.

그렇다면 우리는 왜 청소년 설교의 대상이 청소년이라는 사실에 주의를 기울일 필요가 있을까? 그것은 청소년들이 설교의 다른 대상들과는 달리 그들만의 독특한 특징들을 가지고 있기 때문이다.

그들은 유아기나 노년기 등 다른 세대의 사람들과는 여러 가지 면에서 다르다. 그들은 보통 그들만의 독특한 문화를 갖는다. 켄 데이비스(Ken Davis)가 말하는 대로, 그들은 보통 자신들만을 위해서 살며, 장기적인 것보다는 지금 당장 만족을 줄 수 있는 것에 집착한다. 그들은 친구들과 함께 있으면서도 고독을 느낀다.[42] 또 그들은 끊임없는 변화의 물결 속을 방황하며 그것들을 즐기기도 한다. 즉, 청소년들은 다른 세대의 사람들이 갖지 않은 여러 가지 독특한 문화적인 면들과 그들만의 고유한 성격을 갖는다.

그러므로 청소년 설교사들은 청소년 설교를 준비할 때 청소년들의 이러한 독특한 면들을 고려해야 한다. 왜냐하면 설교란 브룩스(Phillips Brooks)가 말한 것처럼 커뮤니케이션[43]이며, 청소년 설교의 효과적인 커뮤니케이션을 위해서는 설교자의 커뮤니케이션의 대상인 청소년에 대한 철저한 분석과 이해가 요청되기 때문이다.

따라서 우리는 청소년의 구별된 특징을 고려하지 않고 준비되는 어떠한 청소년 설교도 상상할 수 없다.

---

42) Ken Davis, *How to Speak to Youth and Keep them Awake at the same time*(Grand Rapids: Zondervan Publishing House, 1996), 20-22.
43) Phillips Brooks, *On Preaching*(The Seabury Press, 1964), 5.

8) 개별적인 담화

청소년 설교자가 청소년 설교를 위하여 기억해야 할 또 하나의 기준은 '개별적인 담화'(individual speech)이다. 즉, 청소년 설교는 설교자 개인의 인격적인(personal) 커뮤니케이션이라는 것이다.

물론 위에서 논한 대로, 청소년 설교는 하나님의 말씀이다. 하나님께서 성경과 설교자를 통하여 청소년들에게 주시는 말씀이다. 그러나 그럼에도 불구하고 청소년 설교는 설교자의 개별적인 담화인 것 역시 사실이다. 물론 여기서 설교자는 설교의 주인이 아니라 말씀의 전달자일 뿐이다.

그러나 한 가지 분명한 사실은, 설교에 있어서 설교자의 역할이 무엇이든지 설교자는 설교를 위하여 어떤 역할을 감당하며, 그렇기 때문에 설교에 일정한 영향력을 행사한다는 것이다. 그리고 설교에 대한 설교자의 이러한 영향력은 설교자의 개별적인 삶과 능력과 성품에 좌우된다는 것이다. 즉, 설교자의 인격이나 교육받은 정도 그리고 설교자나 한 인간으로서 살아온 과거의 삶이 한 편의 설교에 일정한 영향력을 행사한다.

특별히 우리가 맥루한(Marshall McLuhan)이 주장하는 대로, "미디어(medium)가 메시지(message)"[44]라는 사실을 인정한다면 우리는 설교자나 설교자의 개인적인 삶이나 능력이 설교에 중대한 결과를 끼친다는 사실을 인정해야 할 것이다. 왜냐하면 설교에 있어서 하나님의 말씀의 미디어는 설교자이기[45] 때문이다.

그러므로 우리는 청소년 설교가 비록 하나님의 말씀이나, 여전히 설교자의 인간적인 능력이나 삶과 긴밀히 연결되어 있는 설교자의 개별적인 담화임을 알 수 있다.

9) 한 시도

바로 앞에서 논의된 '개별적인 담화'와 관련하여, 우리는 청소년 설교를 위한 또 다른 기준을 세울 수 있다. 그것은 청소년 설교가 설교자의 '한 시도'(an attempt)라는 것이다.

즉, 하나님께서 각각의 청소년 설교자에게 주시는 말씀은 각각 다른 것일 수밖에 없다는 것이다. 비록 두 명의 설교자에 의하여 동일한 본문 말씀이 선택될지라도 선포되는 설교는 각각 다른 것일 수밖에 없다는 것이다. 왜냐하면 동일한 하나님께서 동일한 본문 말씀을 통하여 동일한 계시를 주셨을지라도 청소년 설교는 설교자의 개별적인 담화이며, 또 모든 청소년 설교자들은 각각 다른 사람일 수밖에 없기 때문이다. 모든 청소년 설교자는 각각 한 명의 설교자로서 성장해온 배경이나 지식, 경험 등등 여러 가지 면들이 다르기 때문에, 동일한 본문으로도 동일한 설교를 할 수 없기 때문이다.

따라서 바르트의 다음의 말은 설득력이 있어 보인다.

> 설교는 독립적(independent)이어야 한다. 설교자들은 종종 마음속

---

44) Marshall McLuhan, *Understanding Media: The Extensions of Man*(New York: The New American Library, 1964), 23.
45) Myron R. Chartier, *Preaching As Communication*(Nashville: Abingdon, 1981), 17.

에 하나의 모델을 가진다. 그럼에도 불구하고 그들은 설교단에 그들 자신을 세워야 한다. 왜냐하면 부름 받은 사람들은 바로 그들이기 때문이다.[46]

즉, 설교자들은 그들이 아무리 모범적인 설교를 발견하였을지라도 동일한 설교를 반복해서는 안 된다는 것이다. 왜냐하면 모범적인 설교를 작성한 사람과 그들은 각각 다른 사람들이기 때문이다.

결론적으로 청소년 설교는 개별적인 설교자에 의하여 시도되는 개별적인 한 시도이다.

10) 메시지의 주어짐

위에서 우리는 청소년 설교가 설교자에 의하여 행해지는 한 시도이며 또 설교자의 개별적인 담화임을 알았다. 그렇다면 앞에서 청소년 설교가 하나님의 말씀이라는 것은 어떤 의미인가? 어떻게 하나님의 말씀이 동시에 설교자인 인간의 말이 될 수 있을까?

그러므로 우리는 여기서 하나님의 말씀으로서의 청소년 설교와 설교자의 한 시도로서의 청소년 설교의 관계를 밝혀주는 또 다른 한 기준을 세울 필요가 있다. 그렇다면 이 둘의 관계를 적절히 표현해 줄 수 있는 기준은 없을까?

우리는 존 스토트(John Stott)로부터 이 둘의 관계를 적절히 설명해 주는 한 개념을 발견한다. 그것은 '메시지의 주어짐'(the givenness of

---

[46] Karl Barth, op. cit., 83.

message)⁴⁷⁾이다. 즉, 하나님의 말씀인 메시지가 설교자를 통하여 주어졌다는 것이다. 스토트는 성경에 나오는 설교자들의 이미지를 분석하여 이 개념을 찾아냈다. 즉, 설교자들의 이미지를 분석하여 보니, 설교자들이 메시지를 선포하였으나 공통적으로 설교자들이 메시지를 창조한 것이 아니라 메시지가 그들에게 위탁되었다⁴⁸⁾는 것이다.

스토트의 위의 주장은 설득력이 있어 보인다. 왜냐하면 성경에서 설교자와 연결 지을 수 있는 대부분의 개념들⁴⁹⁾은, 말씀의 주인이 아니라 말씀의 전달자 또는 위탁받은 자의 의미를 내포하고 있는 것처럼 보이기 때문이다. 그러므로 몰러(R. Albert Mohler, Jr.)는 설교를 '하나의 위탁된 의무'(a charge)⁵⁰⁾라고 하였고, 또 파커(T.H.L. Parker)에 따르면 칼빈은 설교자가 절대로 자신의 생각을 만들어 내어서는 안 되고, 단지 성경에 계시되고 기록된 것만을 선포해야 한다⁵¹⁾고 하였다.

따라서 우리는 청소년 설교가 하나님의 말씀이나 동시에 설교자의 말로, 하나님에 의하여 청소년들에게 전달되도록 설교자에게 개별적으로 주어진 하나님의 말씀임을 알 수 있다. 그러므로 청소년 설교자들은 설교를 준비할 때, 설교의 한 기준으로서의 메시시의 주어짐을 기억해야 할 것이다.

---

47) John Stott, op. cit., 136.
48) Ibid., 135-137.
49) 스토트에 따르면, 이러한 개념들에는 다음과 같이 여섯 종류가 있다. 사자 또는 전달자(herald), 씨 뿌리는 자(sower), 대사(ambassador), 청지기(steward), 목사(pastor) 또는 목자(shepherd), 일꾼(workman) 등이다.
50) Michael Duduit, ed., op. cit., 13.
51) T.H.L. Parker, Calvin's Preaching(Edinburgh: T.&T. Clark, 1992), 22.

11) 성령 하나님

마지막으로 청소년 설교를 위하여 우리가 기억해야 할 기준은, '성령 하나님'(God the Holy Spirit)이다. 왜냐하면 온전한 청소년 설교는 설교의 시작부터 끝까지, 설교의 전(全) 과정이 성령 하나님의 통제하에 있어야 가능하기 때문이다. 그래서 스펄전은 말한다.

> 우리는 복음으로부터 실제적인 효과를 거두기 위하여 전적으로 하나님의 영(the Spirit)을 의지한다.[52]

즉, 설교의 실제적인 효과는 전적으로 성령 하나님의 손에 달렸다는 것이다.

그렇다면 성령 하나님과 설교는 왜 이렇게 긴밀하게 연결되어 있는 것일까?

그것은 첫째, 성령 하나님이 설교의 주인이시기 때문이다. 앞에서 우리는 청소년 설교는 하나님의 말씀이며, 우리가 믿는 하나님은 삼위일체 하나님(the Triune God)이시기 때문에, 청소년 설교는 삼위일체 하나님의 말씀이라고 했다. 그러므로 청소년 설교는 삼위일체 하나님의 한 위격(person)이신 성령 하나님의 말씀이기도 하다. 다시 말하면, 성령 하나님은 청소년 설교의 주인이신 것이다. 그러므로 우리는 청소년 설교와 성령 하나님을 분리할 수 없다.

---

52) Charles H. Spurgeon, *Lectures to my Students*(Fearn: Christian Heritage, 1998), 219.

둘째, 성령 하나님은 청소년 설교를 도우시는 협력자(Helper)이시기 때문이다. 성령 하나님은 삼위일체 하나님의 한 위격으로서, 설교자와 청소년들에게 말씀을 주시는 말씀의 주인이시기도 하지만 불완전한 인간인 설교자에 의하여 불완전하게 준비될 수밖에 없는 설교를 돕기 위하여 오신 협력자이시다. 그러한 까닭에 성령 하나님은 설교자나 설교를 듣는 이들이 본문 말씀을 바르게 이해할 수 있도록 조명(illumination)해주시며,[53] 말씀이 능력 있게 전파되게 하시며,[54] 선포된 하나님의 말씀이 분명한 결실을 맺게 하신다(고전 12:8-11).

그러므로 우리는 성령 하나님과 설교가 긴밀하게 연결되어 있음을 알 수 있다. 다시 말하여, 성령 하나님은 바른 청소년 설교를 위한 본질적인 기준임에 틀림없다.

4. 나가는 말

지금까지 우리는 청소년 설교 정의를 위한 기준들을 살펴보았다. 그리고 비록 완전할 수는 없을지라도, 청소년 설교 정의를 위하여 꼭 필요할 것처럼 보이는 11개의 도표들을 제시했다. 이 11개의 도표들은 모두 한결같이 청소년 설교가 바른 길을 가기 위하여 꼭 필요한 기준들인 것처럼 보인다. 다시 말하면, 이 11개의 요소들이 모

---

53) Michael Duduit, ed., *op. cit.*, 18.
54) Martyn Lloyd-Jones, *op. cit.*, 306-325.

두 소외됨 없이 긴밀히 연결되어 하나의 청소년 설교 정의를 이루는 것처럼 보인다.

그러므로 우리는 이 11개의 기준들을 토대로 하여서 청소년 설교를 다음과 같이 정의할 수 있다. 청소년 설교란 교회에서, 하나님의 명령에 의존하여, 부름 받은 설교자가, 성경에 근거하며, 개별적인 삶에 기초하여, 그러나 성령 하나님을 의지하여, 삼위일체 하나님의, 계시의 말씀을, 청소년을 향하여, 전달하는, 한 시도이다.

만일 위의 청소년 설교 정의가 오늘의 한국 교회의 바람직한 청소년 설교를 위하여 설득력이 있는 정의라면, 청소년 설교자들은 말씀을 선포할 때 다음 몇 가지 것들에 특별한 주의를 기울여야 한다.

첫째, 청소년 설교의 주인이 삼위일체 하나님이 되시도록 해야 한다는 점이다. 앞에서 지적한 대로, 몇몇 설교자들이 이해한 것처럼 청소년 설교는 단순히 설교자에 의하여 행해지는 성경 동화나 교훈적인 이야기가 아니라 삼위일체 하나님의 말씀이다.

그래서 설교의 주인은 전적으로 삼위일체 하나님이시다. 설교자를 부르신 분도 하나님이시고, 말씀을 주시는 분도 하나님이시며, 말씀이 말씀 되게 하시는 분도 하나님이시다. 그러므로 청소년 설교자들은 청소년 설교의 내용 역시 설교의 주인이신 삼위일체 하나님의 뜻을 따라서, 청소년 설교자가 아니라 삼위일체 하나님이 주인이 되시도록 구성해야 한다.

둘째, 부름 받은 청소년 설교자로서의 철저한 준비이다. 앞에서 우리는 청소년 설교가 바른 길을 가기 위해서는 여러 가지 표지판

이 필요하며, 또 하나님의 명령에 의한 하나님의 말씀임을 알았다. 그렇기 때문에 철저히 훈련받고 안수받은 목회자에 의해서 수행되어야 한다. 다시 말하면, 청소년 설교는 가볍게 여길 수 없는 중대한 사역인 것이다.

그러므로 청소년 설교자로 나서는 모든 설교자들은 청소년 설교가 무엇인가를 분명히 인식하고, 이에 걸맞은 철저한 준비를 수행해야 한다. 청소년 설교자로 나서기에 앞서서 신학교 교육을 통하여 청소년 설교가 무엇인지 바르게 인식하고, 청소년 설교를 위하여 필요한 지식을 습득하며, 설교의 현장에서는 각각의 설교가 모두 하나님의 말씀이기에 한 편의 설교도 소홀함이 없이 최선을 다해 준비해야 할 것이다.

셋째, 청소년들에 대한 이해와 배려이다. 즉 청소년 설교는 설교자의 독백이 아니라 청소년들을 향하여 선포되는 말씀이기 때문에, 말씀이 준비되고 선포될 때 철저히 청소년들의 입장이 고려되어야 한다는 것이다.

다시 말하면, 설교 내용의 바른 전달을 위하여 청소년 설교자들은 청소년을 바르게 이해하고, 또 그들에게 맞는 커뮤니케이션 방법을 모색함으로써 그들을 배려해야 한다. 청소년 설교자들은 앞에서 살핀 것처럼 청소년들이 그들만의 문화와 특징을 가졌음을 알고, 말씀이 그들에게 바르게 전달될 수 있도록 그들이 이해하고 해독(decoding)[55]할 수 있는 방법으로 말씀을 구성하고 준비해야 한다.

넷째, 성령 하나님의 도우심을 철저히 의지하는 것이다. 즉 청소년 설교의 시작부터 끝까지 전 과정을 철저히 성령 하나님을 의지하여 준비하고 전해야 한다는 것이다. 앞에서 살핀 것처럼, 청소년 설교는 완전하신 삼위일체 하나님의 말씀인데, 설교자는 불완전한 존재이다. 그러므로 불완전한 설교자가 완전하신 하나님의 말씀을 바르게 준비하여 전하는 것은 쉬운 일이 아니다.

하나님은 이러한 상황을 너무나 잘 아신다. 그러므로 성령 하나님을 보내셨고, 또 성령 하나님은 설교자의 설교 준비를 도우신다. 그러므로 청소년 설교자들은 최선을 다하여 설교를 준비하되, 하나님께 기도하며 설교 사역의 모든 것을 성령 하나님을 의지함으로 감당해야 하는 것이다.

그렇다면 이처럼 다양한 도표들로 구성된 청소년 설교 사역은 어떤 사람이 감당해야 할까? 청소년 설교는 청소년을 향하여 설교하기를 원하는 사람이면 누구나 해도 되는 것일까, 아니면 어떤 특별한 사람이 해야 하는 것일까? 만일 우리가 청소년 설교자가 되기를 원한다면 우리는 어떤 사람이 되어야 할까?

그러므로 다음 장에서는 청소년 설교자가 마땅히 갖추어야 할 자격을 살펴본다.

---

55) 커뮤니케이션에 대한 샤논-위버(Shannon-Weaver)의 모델에 따르면, 메시지는 메시지의 출처(source)인 말하는 사람(speaker)에 의하여 기호화(encoding)되었다가 메시지를 듣거나 수용하는 사람(receiver)에 의하여 해독화(decoding)되어야 한다. 이것에 대한 좀 더 구체적인 논의는 Merrill R. Abbey, *Communication in Pulpit and Parish*(Philadelphia: The Westminster Press, 1976), 28-30을 보라.

제2장
청소년 설교자의 자격[56]

 지금까지 한국 교회는 청소년 설교자의 자격에 대하여 특별한 관심을 기울이지 않았다. 그래서 청소년 설교는 청소년 설교에 대한 충분한 이해를 갖지 못한 신학생들이나, 심지어 교사나 집사 등 평신도들에 의해 주로 행해져 왔다. 그러나 이러한 현실은 바람직한 모습이 아니다. 왜냐하면 청소년 설교는 성인들을 대상으로 하는 설교와 마찬가지로 하나님의 말씀이며, 그래서 가능한 한 하나님의 말씀을 청소년들에게 바르게 전달할 수 있는 사람들이 감당해야 하기 때문이다.
 그렇다면 청소년 설교자는 어떤 모습을 갖추어야 할까?
 아마도 설교자들은 하나님의 말씀을 청소년들에게 바르게 전달하는 바람직한 청소년 설교자가 되기 위하여 최소한 다음 여섯 가지 자격을 갖추어야 할 것처럼 보인다. 즉 청소년 설교자들은 기본적으로 하나님의 사람, 기도의 사람, 성경의 사람이 되어야 하고,

---

56) 이 글은 〈신학이해〉 제35집에 수록된 필자의 글을 수정, 보완한 것이다.

또 특별히 청소년 설교자가 되기 위해서는 소명의 사람, 청소년을 잘 아는 사람, 훈련의 사람이 되어야 한다.

1. 들어가는 말

앞 장에서 언급한 것처럼 오늘날 한국 교회의 심각한 위기적 현상 중 하나는 청소년들이 교회를 떠나고 있다는 것이다. 여기에는 교회 내외(內外)적으로 여러 가지 원인들이 있을 수 있다.[57] 그러나 한 가지 분명한 사실은, 청소년 설교자 역시 이러한 문제와 무관하지 않다는 점이다. 즉 청소년 설교자로 나서기에는 여러 가지로 부족한 사람들이 청소년 설교 사역을 감당함으로써 여러 가지 문제점들을 야기하고 있다는 말이다.

그렇다면 오늘날 한국 교회 청소년 설교자들의 문제점은 무엇인가? 물론 우리는 한국 교회 청소년 설교자들이 가지고 있는 문제점들을 관점에 따라서 다양하게 살펴볼 수 있다. 하지만 여기서 그 모든 문제점들을 살펴보는 것은 지면 관계상 한계가 있다. 그러므로 여기서는 청소년 설교와 관련하여 여러 가지 문제점들을 야기할 수 있는, 보다 근원적인 문제처럼 보이는 두 가지만을 살펴본다.

그렇다면 그 두 가지는 무엇인가? 그것은 첫째, 설교학을 배우지 못한 신학생들이 청소년 설교자로 나서고 있다는 점이다.

---

57) 청소년들이 교회를 떠나는 이유들에 대한 좀 더 자세한 언급은 김금용, "청소년 설교의 한 정의", 〈신학이해〉 제25집(2003), 260-262를 보라.

오늘날 대부분의 한국 교회 청소년 설교 담당자는 교육전도사들이다. 이들은 보통 이제 막 신학의 길에 입문했거나 과정 중에 있는 신학생들이다. 이들은 여러 가지 신학 과목들을 공부하고 있지만 아직은 대부분 신학적으로 미숙한 상태에 있다. 이것은 설교학과 관련해서도 마찬가지이다. 그런데 이들은 일정한 시간이 되면[58] 거의 대부분 교육전도사로 나선다.

그리고 교육전도사로서의 이들의 중심 사역은 청소년들을 위한 예배 인도와 설교이다. 다시 말하면, 청소년 설교에 대한 충분한 이해가 없는 신학생들이 청소년 설교 사역을 감당하고 있다는 말이다. 그리고 이러한 현실은 결국 다양한 부작용으로 나타나고 있다. 예를 들면, 어떤 청소년 설교자들은 충분히 학습되지 않은 잘못된 설교 이해를 바탕으로 청소년 설교를 설교자의 개인적인 주장이나 동화 등[59]으로 대체한다는 것이다.

둘째, 청소년 설교자의 자격에 대한 무관심이다. 이것은 앞의 문제와도 연결되는 더 근원적인 문제이다.

지금까지 한국 교회는 청소년 설교에 대한 무관심 때문에 청소년 설교자에 대하여 무관심해 왔다. 왜냐하면 정장복 교수가 잘 지적한 대로, 지금까지 한국의 신학 교육은 이론 신학에만 치우쳐서 설교학 등 실천신학을 등한시해 왔고,[60] 또 이것은 결국 청소년 설

---

58) 여기서 말하는 일정한 시간이란 신학적으로 성숙했다거나 설교학적으로 설교할 자격을 갖추었다는 말이 아니다. 단지 대부분의 동급생들이 교육전도사로 나가는 시기가 되었다는 의미이다.
59) 청소년 설교자들의 청소년 설교에 대한 잘못된 이해의 예들은 김금용, "청소년 설교의 한 정의", 〈신학이해〉 제25집(2003), 263-269를 보라.
60) 정장복, 《한국 교회의 설교학 개론》(서울: 예배와 설교아카데미, 2001), 27.

교와 청소년 설교자에 대한 무관심으로 이어져 왔기 때문이다. 물론 혹자는 최근 들어 신진 학자들에 의하여 설교학의 제분야들이 연구되고 있다고 말할 수 있다. 하지만 여전히 그 관심이 청소년 설교자에게까지는 미치지 못하고 있는 것이 사실이다.

한국 교회의 청소년 설교자에 대한 이러한 무관심은 설교자로서 적절한 자격을 갖추지 못한 평신도들에 의해 행해지는 청소년 설교를 보면 쉽게 알 수 있다.[61] 즉 청소년 설교자의 자격에 대하여 무관심하기 때문에, 교회의 형편에 따라서 평신도들이 청소년 설교 사역을 감당하고 있는 것이다.

그러나 이것은 필자가 이미 밝힌 대로 몇 가지 이유[62]에서 바람직한 현상이 아니다. 청소년 설교는 오직 설교를 위하여 훈련받고 안수받은 목사나, 최소한 목사가 되기 위하여 훈련 중에 있는 신학생이 감당해야 하는 것이다.

그렇다면 이러한 목사나 신학생은 청소년 설교를 감당하기 위하여 어떤 사람이 되어야 할까? 바람직한 청소년 설교자가 되기 위해서는 어떤 자격을 갖추어야 할까? 물론 우리는 여기서 단지 소수의 사람만이 소유한 특별한 자질만을 고집할 수 없다. 왜냐하면 브룩스(Phillips Brooks)가 잘 지적한 것처럼, 목회 현장에서 하나님의 능력은 너무나 자주 정반대의 자질을 갖춘 사람들에게서도 동등하게 나타나고 있기 때문이다.[63]

---

61) 김금용, *op. cit.*, 268.
62) *Ibid.*, 275-276.
63) Phillips Brooks, *On Preaching*(《필립스 브룩스 설교론》, 서문강 역, 서울: 크리스챤다이제스트, 1997), 44.

그러나 그럼에도 불구하고 우리는 바람직한 청소년 설교 사역을 위하여 청소년 설교자들이 갖추어야 할 자격 요건들을 생각해 볼 필요가 있다. 왜냐하면 설교자에게 바람직한 청소년 설교를 기대하기 위해서는 어느 정도의 자격 요건이 필요한 것처럼 보이며, 또 최소한 다음에 제시되는 자격 요건을 갖추지 못한 설교자에 의하여 하나님께서 기대하시는 바람직한 청소년 설교가 가능할 것이라고 생각하기는 쉽지 않기 때문이다.

그렇다면 청소년 설교자에게 필요한 최소한의 자격 요건은 무엇인가? 그러므로 본 소고는 바람직한 청소년 설교자가 갖추어야 할 자격 요건을, 기본 요건 세 가지와 특별 요건 세 가지로 나누어 제시한다. 즉 설교자이기 이전에 한 명의 기독교인으로서 당연히 갖추어야 할 기본 요건 세 가지와, 평신도와 달리 청소년 설교자로서 갖추어야 할 특별 요건 세 가지를 제시하는 것이다.

그렇다면 이제 그 여섯 가지를 차례로 살펴보자.

2. 기본 요건

1) 하나님의 사람

청소년 설교자가 갖추어야 할 첫 번째 기본 요건은, 하나님의 사람이 되는 것이다.

물론 이것은 청소년 설교자들뿐만 아니라 모든 기독교인들이 가야 할 길이다. 그래서 많은 기독교인들은 예수 그리스도를 통하여 진정한 하나님의 자녀가 되기를 소망한다. 왜냐하면 구원받아 진정한 하나님의 자녀가 되는 것이 믿는 자의 소망이기 때문이다. 하지만 청소년 설교자들은 다른 기독교인들에 비하여 더욱 온전한 하나님의 사람이 되기 위하여 노력해야 한다. 왜냐하면 온전한 하나님의 사람이 되지 않고서는 하나님의 말씀을 바르게 전할 수 없기 때문이다.

그렇다면 왜 청소년 설교자들은 하나님의 말씀을 바르게 전하기 위하여 하나님의 사람이 되어야 할까? 그것은 우리가 잘 아는 대로 성인들을 위한 설교와 마찬가지로 청소년 설교 역시 하나님의 말씀이기 때문이다. 즉 청소년 설교자가 하나님의 말씀인 청소년 설교를 하나님의 뜻대로 바르게 전하기 위해서는 하나님을 잘 알아야 하고, 또 하나님을 잘 알기 위해서는 그가 하나님의 사람이 되어야 하기 때문이다. 하나님을 알지 못하는 사람이 하나님의 말씀을 하나님의 뜻대로 바르게 전할 수는 없다.

그러므로 일리언 존스(Ilion T. Jones)는 설교자에게 "하나님에 대한 직접적이며 체험적인 지식"[64]이 필요함을 다음과 같이 잘 역설한다.

> 설교자가 그의 체험을 설교하고 있다는 것을 회중이 알 때 그 설교는 가장 인상적인 것이 될 것이다. 프랑스 속담에 "그것은 자기 자신으로

---

64) Ilion T. Jones, *Principles and Practice of Preaching*(《설교의 원리와 실제》, 정장복 역, 서울: 생명의말씀사, 1990), 83.

부터 나와야 한다"라는 말이 있다. 설교 또한 마찬가지이다. 서신들에서 바울은 여러 차례 "그"(the) 복음에 대해 말했다. 그러나 때때로 "나의"(my) 복음이라는 표현을 사용했다(롬 2:16, 16:25; 딤후 2:8 비교). 이것으로 그가 의미하는 바는 남에게서 들은 것이 아니라 그리스도로부터 직접적으로 받았고 스스로 경험했다는 것이다. 로마서를 끝내고 축복하면서 "나의 복음과 예수 그리스도를 전파함은 영세 전부터 감취었다가"(롬 16:25)로 시작하고 있다.

그는 자신이 능력을 체험했던 그분에게 그들을 위탁했다. 그것은 소문이 아니라 자신이 내면으로부터 안 어떤 것이었다. 누구도 자신의 경험으로 복음을 "나의" 복음이라고 부를 수 있기까지는 "그" 복음을 효과적으로 설교할 수 없다.[65]

위에서 존스는, 사도 바울 역시 복음을 전할 때 복음을 다른 사람으로부터 들어서 피상적으로 알고 전한 것이 아니라 자신이 직접 그리스도를 만나서 그리스도와 그의 복음을 경험하고, 그래서 체험적으로 알게 된 내용을 전했음을 밝힌다. 청소년 설교자 역시 마찬가지다. 그가 온전한 설교자가 되기를 원한다면 그는 복음을 전하기 전에 먼저 하나님을 만나고 경험해야 한다. 그래서 진정한 하나님의 사람이 되어야 한다. 그럴 때만이 그는 직접 만난 하나님으로부터 말씀을 듣고 받음으로써 하나님이 원하시는 바른 말씀을 청소년들에게 전할 수 있게 된다.

그래서 브룩스는 설교자에게 필요한 제일 되는 요건으로 '경건'

---

65) *Ibid*.

을 주장한다. 왜냐하면 하나님을 바르게 섬기며, 하나님의 뜻대로 살아가는 삶을 추구하는 경건[66]을 통하여 하나님을 깊이 경험하고 알아야 '불'[67]같이 설교할 수 있다고 믿었기 때문이다. 그래서 그는 이런 경건한 삶을 위하여 설교자들에게는 다음과 같이 그리스도와의 긴밀한 관계가 필요하다고 말한다.

> 사람의 전체 품격 속에 그리스도로 말미암아 삶을 영위한다는 것이 무엇인지 알고, 우리가 우리 자신의 것이 아니라 그리스도의 것이 되고, 그리스도께서 우리를 위하여 행하신 것과 현재도 부단하게 우리와 가진 관계를 인하여 항상 감사하는 마음으로 충만한 나머지 그리스도의 뜻과 영광을 우리의 오직 유일한 소원이 되는 것, 바로 그것이 설교자에게 크게 요구되는 요건이라는 기존의 확신을 새롭고 압도적인 힘을 가진 말로 표현할 수 있었으면 좋겠습니다.[68]

즉, 브룩스에게 있어서 설교자의 제일 요건은 그리스도로 말미암아 삶을 영위하고, 그리스도의 뜻과 영광을 위하여 살아가는 그리스도의 사람이 되는 것이다. 물론 이것은 삼위일체적이지 못하고 다분히 그리스도 중심적으로만 기술되었지만, 지극히 옳은 생각이

---

66) 학자들마다 경건의 정의가 다를 수 있으나, 필자가 보기에 경건은 '하나님을 바르게 섬기는 것' 또는 '하나님 보시기에 옳게, 좋게 하나님을 공경하며 사는 것' 또는 '하나님의 뜻대로 사는 것' 인 것처럼 보인다. 왜냐하면 '유세베이아'(εὐσέβεια), 즉 '경건' 이란 말은, '옳게', '좋게' 를 의미하는 '유'(εὖ)와, '경배하다', '공경하다' 를 의미하는 '세보'(σέβω) 라는 말에서 왔기 때문이다.
67) Phillips Brooks, op. cit., 45.
68) Ibid.

다. 설교자들은 그리스도와 함께, 그리스도로 말미암아, 그리스도의 영광과 뜻을 위하여 살아감으로 진정한 하나님의 사람이 되어야 한다. 그래야 하나님께서 주신 말씀이 무엇인지 바르게 분별하고 또 하나님의 말씀을 청소년들에게 바르게 전할 수가 있다.

바람직한 청소년 설교자가 되기를 원하는 사람은 누구나 먼저 하나님의 사람, 곧 아버지 하나님(God the Father)의 사람, 예수 그리스도(God the Son)의 사람, 성령 하나님(God the Holy Spirit)의 사람이 되어야 하는 것이다.

그래서 코간(Donald Coggan)은 그의 책 《은혜의 청지기들》(Stewards of Grace)의 '하나님의 사람으로서의 설교자'(The Preacher as Man of God)에서 다음과 같이 말한다.

> 설교자가 어떤 사람인가가 설교자가 무엇을 가지고 있는가보다 중요하다.[69]

대단히 옳은 말이다. '설교에 있어서 가장 중요한 것은 설교자가 어떤 사람인가'이다. 특별히 '그가 진정으로 하나님의 사람인가'이다. 왜냐하면 설교자가 진정한 하나님의 사람이 될 때, 그는 자신이 만나고 경험하고 알게 된 하나님의 말씀을 바르고 확실하게 전할 수 있기 때문이다.

그러므로 청소년 설교자들은 바람직한 청소년 설교를 위하여 그

---

69) Donald Coggan, *Stewards of Grace*(London: Hodder & Stoughton, 1958), 58.

가 하나님이 원하시는 바로 그 하나님의 사람이 되기 위하여 최선의 노력을 경주해야 한다.

2) 기도의 사람

청소년 설교자가 갖추어야 할 두 번째 기본 요건은 기도의 사람이 되는 것이다. 그렇다면 왜 청소년 설교자들은 좋은 설교자가 되기 위하여 기도의 사람이 되어야 할까? 여기에는 다음과 같은 몇 가지 이유가 있다.

첫째, 청소년 설교자를 포함한 모든 기독교인들은 항상 기도해야 하기 때문이다.

왜 기독교인들은 항상 기도해야만 할까? 그것은 우리가 잘 아는 대로, 하나님께서 성경을 통하여 자주 모든 기독교인들에게 "항상 기도하라"(살전 5:17; 엡 6:18; 빌 4:6)고 말씀하시기 때문이다. 그리고 할레스비(O. Hallesby)가 말하는 대로, 기도는 영혼의 호흡이기 때문이다.[70] 즉 사람이 살아가기 위해서는 숨을 쉬어야 하듯이, 사람이 기독교인으로서 존재하기 위해서는 기도를 멈추지 말아야 한다.

그렇다면 왜 하나님께서는 항상 기도하라고 말씀하시고, 또 기도는 왜 영혼의 호흡이 되는 것일까? 여기에 대한 좀더 명확한 답을 찾기 위해서는 먼저 기도가 무엇인지 알 필요가 있다.

기도란 무엇인가?

필자가 보기에 가장 간단히 말하여, 기도란 하나님과의 교제이

---

70) O. Hallesby, *Prayer*(London: Hodder and Stoughton, 1973), 10.

다. 왜냐하면 성경에 나오는 대부분의 기도가 형태나 성격은 조금씩 다르지만 하나님과의 교제적인 성격을 내포하고 있기 때문이다. 또 이러한 기도의 하나님과의 교제적인 성격은 학자들의 기도 정의를 살펴보아도 공통적으로 드러나기 때문이다.

예를 들면, 브루스(Michael Bruce)는 기도를 "하나님과의 접촉(contact)이며 조화(harmony)를 이루는 것"[71]이라고 말한다. 즉 브루스는 기도의 교제적인 성격을 '접촉'과 '조화'라는 구체적인 모습으로 표현하고 있다. 또 할레스비에 의하면 "기도는 예수님을 우리의 필요(need) 가운데 참여시키는 것 이상의 아무것도 아니다. 기도는 예수님께 우리의 고통을 경감시키는 데 그의 능력을 사용하도록 허락하는 것이다. 기도하는 것은 예수님께 우리의 필요 가운데서 그의 이름을 영화롭게 하도록 허락하는 것이다."[72]

할레스비는 기도의 하나님과의 교제적인 성격을 '교제'라는 직접적인 표현은 사용하고 있지 않으나, 성자 하나님(God the Son)의 예를 들어서 구체적인 모습으로 보여주고 있다. 다시 말하여 할레스비에게 있어서 기도는 예수 그리스도와의 교제인데, 이것은 주로 예수 그리스도가 기도자의 필요를 충족시켜 주는 형태로 나타난다.

학자들의 하나님과의 교제로서의 이러한 기도의 정의는 언더힐(Evelyn Underhill)의 정의를 보면 더 분명히 드러난다. 언더힐은 말한다. "전체적으로 기도는 하나님과 영혼의 모든 양상(aspect)과 정도(degree)의 교제(communion)이다. 그것은 한편으로는 세상 안에 있

---

71) Michael Bruce, *The Science of Prayer*(London: S P C K, 1956), 1.
72) O. Hallesby, *op. cit.*, 11.

는 내재적인 것이며, 다른 한편으로는 세상을 초월하는 것이다."[73] 즉 언더힐은 기도의 일반적인 성격을 교제라는 측면에서 직접적으로 잘 표현한다.

결론적으로 우리는 기도가 하나님과의 교제라는 사실을 알 수 있다.

그렇다면 하나님께서는 왜 우리에게 항상 기도하라고 말씀하시고, 또 기도가 종종 영혼의 호흡이라고도 불리는가? 그것은 우리가 기도하지 않으면 우리가 죄에 빠져서 결국은 영원한 죽음에 이르게 되기 때문이다.

앞에서 우리는 기도가 하나님과의 교제라는 사실을 알았다. 그러므로 결국 기도를 멈춘다는 것은 하나님과의 교제를 멈춘다는 의미이다. 그리고 하나님과의 교제를 멈춘다는 것은 하나님으로부터 멀어져 죄의 길로 나아가, 결국은 죄의 결과로 죽음에 이른다는 말이다. 왜냐하면 칼빈이 잘 말한 대로, 인간은 아담의 범죄 이후로 자연적인 재능들은 부패하여 항상 올바른 방향에서 벗어나 있으며, 의지 역시 죄의 노예가 되었기 때문이다.[74] 그래서 하나님과의 교제인 기도 없이는 결국 죄에 빠져서 죽음에 이르게 되기 때문이다.

그래서 하나님은 항상 기도하라고 말씀하신다. 한순간이라도 기도가 단절되면 죄의 유혹에 빠져 죽음의 길로 접어들 수 있기 때문에 기도하라고 말씀하신다. 사람이 약 5분 이상 호흡을 멈추면 신

---

73) Evelyn Underhill, *Man and the Supernatural*, 2th ed.(London: Methuen & Co. Ltd., 1934), 194.
74) John Calvin, *Institutes of the Christian Religion Volume I*, translated by Henry Beveridge(Edinburgh: T.&T. Clark, 1875), 221-253.

체에 치명적인 손상을 입어 죽음에 이르게 되듯이, 영혼의 호흡과 같은 기도를 한순간이라도 멈추면 영혼에 치명적인 손상을 입을 수 있기 때문에, 하나님은 성경을 통하여 항상 기도하라고 말씀하신다. 그러므로 기독교인들은, 특별히 청소년 설교자들은 기도를 멈추지 말아야 한다.

둘째, 청소년 설교자들이 기도해야 하는 이유는, 앞에서 언급한 하나님의 사람이 되기 위해서는 기도가 필요하기 때문이다.

앞에서 우리는 청소년 설교자가 갖추어야 할 첫 번째 기본 요건이 하나님의 사람이 되는 것이라는 사실을 알았다. 그런데 청소년 설교자들이 이처럼 하나님의 사람이 되기 위해서는 기도의 사람이 되어야 한다. 왜냐하면 우리가 하나님의 사람이 되기 위해서는 하나님을 만나서 깊은 교제를 나누어야 하는데, 기도는 하나님께서 우리를 만나시고, 우리와 교제하기 위하여 마련하신 중요한 통로이기 때문이다. 하나님은 기도라는 통로를 통하여 우리에게 오시고, 그래서 우리를 만나시고 우리와 교제하시기 때문이다.

우리는 비록 지극히 세상적인 인간에 의하여 행해지기 때문에 세상 안에 있는 내재적인 것이지만 동시에 지극히 초월적이신 하나님으로부터 오기[75] 때문에, 세상을 초월하는 기도라는 특별한 통로를 통하여 하나님을 만나고, 그래서 대화를 나누고, 함께함으로써 하나님을 닮아 하나님의 사람이 될 수 있기 때문이다.

그래서 샐리어스(Don E. Saliers)의 다음의 주장은 상당히 설득력

---

75) J.H. Churchill, *Prayer in Progress*(London: Hodder & Stoughton, 1961), 15.

이 있어 보인다.

> 성경에는 아브라함으로부터 시작하여 모세와 미리암, 마리아를 거쳐서 예수님 그리고 사도 요한에 이르기까지 여러 다양한 기도하는 사람들이 등장하는데, 이들이 하나님에 관하여 남에게 말할 수 있었던 것은 하나님께 말씀드렸던 자신들의 기도의 능력에 근거한 것이었다. 따라서 기도에 기초하지 않고서 성경을 설교한다고 하는 것은 신학적으로나 목회적으로 온전치 못하다.[76]

마지막으로, 청소년 설교자들이 기도의 사람이 되어야 하는 이유는, 설교에 대한 하나님의 도우심을 받기 위해서는 기도가 필요하기 때문이다. 다시 말하여, 기도를 통하여 청소년 설교자들은 삼위일체 하나님을 만나고 또 의지함으로써 삼위일체 하나님의 도우심을 받을 수 있기 때문이다.

그런데 여기서 청소년 설교자들은 특별히 다음 한 가지 사실을 기억해야 한다. 즉, 그것은 설교자들이 삼위일체 하나님 중에서 주로 성령 하나님(God the Holy Spirit)의 도우심을 구해야 한다는 점이다. 왜냐하면 성령 하나님은 우리를 도우러 오신(롬 8:26) 보혜사로서 청소년 설교자들을 직접적으로 도우시기 때문이다. 즉 설교의 시작은 물론 중간과 끝까지, 모든 과정에 임하셔서 설교자를 도우시기 때문이다.

---

76) William H. Willimon and Richard Lischer, ed., *Concise Encyclopedia of Preaching*(《설교학 사전》, 이승진 역, 서울: 기독교문서선교회, 2003), 88.

그렇다면 성령 하나님은 어떻게 청소년 설교의 모든 과정에 영향을 미치실까?

먼저, 청소년 설교의 시작 부분을 생각해 보자. 청소년 설교자가 한 편의 설교를 준비하기 위해서는 우선 성경 본문(text)이나 주제를 선택해야 한다. 그런데 설교자가 교회력에 맞춘 성서 일과에 따라서 정해진 본문을 선택하는 것이 아니라면 성경 본문을 선택하는 것이 쉽지 않다. 왜냐하면 모든 성경 말씀이 청소년 설교자에게 설교하도록 감동을 주는 것은 아니기 때문이다.

다시 말하여 성령 하나님께서 청소년 설교자가 설교를 준비하는 시점에 적절한 감동으로 설교 본문을 주시지 않는다면, 설교자의 본문 선택은 용이한 일이 아니라는 것이다. 그래서 청소년 설교자는 설교의 시작 부분인 본문 선택의 순간부터 성령 하나님의 도우심을 필요로 하게 된다.

둘째로, 청소년 설교자는 본문을 선택한 후 설교를 준비하는 과정 중에서도 항상 성령 하나님의 도우심을 필요로 한다.

예를 들면, 청소년 설교자들은 본문을 선택한 후에 그 본문에 대한 석의(exegesis)와 주해(exposition)의 해석 과정을 거쳐야 하는데, 이때 설교자가 주어진 본문을 바르게 해석하기 위해서는 성령 하나님의 조명(illumination)을 필요로 한다. 왜냐하면 "모든 성경은 하나님의 감동으로 된 것으로"(딤후 3:16), 오늘날 역사 속에서 역사하시는 하나님이신 성령 하나님이 아니고서는 삼위일체 하나님의 감동으로 기록된 성경의 본래 의미를 온전히 알 수 없기 때문이다.

이후에도 청소년 설교자들은 설교를 선포하는 순간에 성령 하나님의 역사를 통하여, 자신의 언어로 준비된 설교의 내용이 하나님의 말씀으로 인증되는 경험을 갖게 되며, 말씀이 선포된 후에는 하나님의 도우심으로 뿌려진 씨가 자라나고(고전 3:6-7) 열매(갈 5:22-23) 맺는 결과를 기대할 수 있게 된다. 청소년 설교자들이 청소년들에게 말씀을 선포하고 떠난 후에도 성령 하나님은 청소년들과 계속 함께하시어 선한 열매를 맺게 하시는 것이다.

그래서 스펄전은 이렇게 외친다.

> 우리에게 있어서 성령의 현존과 활동은 우리의 일생의 사역의 지혜와 희망에 관한 우리 확신의 근거이다. 우리의 성공에의 희망과 사역을 계속하기 위한 힘은 주의 성령이 우리 위에 임하셨다는 우리의 믿음에 기초한다.[77]

결론적으로, 우리는 바람직한 청소년 설교자가 되기 위해서는 진정한 기도의 사람이 되어야 함을 알 수 있다. 부부가 오랜 기간을 함께 사는 동안 많은 대화를 통하여 서로의 마음과 뜻을 알게 되듯이, 청소년 설교자도 하나님과의 끊임없는 교제, 즉 기도를 통하여 하나님의 마음과 뜻을 바르게 앎으로 하나님의 말씀을 바르게 전하는 청소년 설교자가 될 수 있는 것이다.

그래서 로이드 존스는 말한다.

> 기도는 설교자의 생활에 절대적으로 중차대합니다. 교회사를 통해 위

---

77) C.H. Spurgeon, *Lectures to My Students*(London: Marshall, Morgan & Scott Ltd., 1954), 185.

대했던 설교자들의 전기나 자서전을 읽어 보십시오. 그러면 여러분은 그들 생애의 두드러진 특징은 언제나 기도였다는 것을 발견하게 될 것입니다. 그들은 언제나 위대한 기도의 용사들이었습니다. 그리고 기도하는 데 꽤 많은 시간을 보냈습니다.[78]

3) 성경의 사람

청소년 설교자가 갖추어야 할 세 번째 기본 요건은 '성경의 사람'이 되는 것이다. 즉 청소년 설교자는 성경 읽기를 좋아하고, 성경 연구에 정진하며, 성경 말씀대로 살고자 노력하는 성경의 사람이 되어야 한다.

그렇다면 왜 청소년 설교자들은 성경의 사람이 되어야 할까? 여기에는 최소한 다음과 같은 몇 가지 이유들이 있다.

첫째, 청소년 설교는 성경을 그 원천(source)으로 하기 때문이다. 즉 청소년 설교의 주된 메시지들이 모두 성경으로부터 나와야 하기 때문이다. 그러므로 청소년 설교자가 되기를 원하는 사람은 당연히 설교의 원천인 성경에 큰 관심을 기울여야 하며, 가능한 한 철저히 성경의 사람이 되어야 한다.

그래서 파커(T.H.L. Parker)에 따르면, 칼빈은 설교자는 성경을 온 마음으로 믿고 신뢰할 뿐만 아니라 성경에 기록된 모든 말씀, 심지어는 이성으로 받아들일 수 없는 말씀도 예외 없이 받아들이는 사

---

[78] D.M. Lloyd-Jones, *Preaching & Preachers*(《목사와 설교》, 서문강 역, 서울: 기독교문서선교회, 1999), 220-221.

람이 되어야 한다고 주장한다.[79]

옳은 말이다. 설교의 주된 메시지들이 모두 성경으로부터 나와야 하기 때문에 설교자는 철저히 성경을 믿고 신뢰하는 사람이 되어야 하는 것이다. 성경을 신뢰하지 않거나 부분적으로 믿는 사람은 바른 설교자의 길을 갈 수 없다.

둘째, 청소년 설교자가 성경의 사람이 되지 않고서는 성경을 바로 알 수 없기 때문이다.

보통 많은 신학생들은 신학교에 들어가면 신학 공부에 쫓겨서 성경 연구를 게을리 한다. 그리고 이들 중 상당수는 성경 연구의 필요성조차도 느끼지 못한다. 왜냐하면 성경을 연구하지 않아도 신학교에서 제공하는 여러 전공과목들을 공부하다 보면 성경의 내용까지 모두 알게 될 것이라고 믿기 때문이다.

그러나 이것은 사실과 다르다. 물론 신학교의 교과목들 중에는 성경 내용과 직접적으로 연결되는 과목들(예: 창세기 연구)이 있다. 그리고 이런 과목들은 설교자들의 성경 지식에 직접적으로 도움을 줄 수 있다. 그러나 신학교의 많은 과목들은 성경 내용과 직접적으로 연결되어 있지 않다. 그래서 이런 과목들은 아무리 열심히 공부해도 설교자에게 필요한 성경 지식에 직접적인 도움을 주지 않는다. 결국 청소년 설교자들이 성경을 바로 알기 위해서는 신학 과목들뿐만 아니라 성경을 철저히 연구해야 하는 것이다.

특별히 성경은 66권이라는 방대한 양의 책들로 구성되어 있다. 또 인간의 이성을 뛰어넘는 초월적인 하나님의 뜻이 다양한 배경과

---

79) T.H.L. Parker, *Calvin's Preaching*(Edinburgh: T&T Clark, 1992), 37-38.

의미를 가진 히브리어와 헬라어로 기록되어 있다. 그래서 성경에 무관심한 청소년 설교자들이 본래 하나님이 의도하신 말씀의 의미를 발견하기란 쉬운 일이 아니다. 그러므로 청소년 설교자들은 철저히 성경의 사람이 되어야 한다. 그렇지 않으면 여러 설교학자들이 걱정해 온 대로, 성경을 통하여 말씀하시는 하나님의 말씀을 사실대로 전하는 것이 아니라, 하나님의 뜻과는 전혀 상관없는 자신의 뜻을 창조하여 말하게 될 것이다.

그래서 브로더스(John A. Broadus)는 설교자들을 향하여 다음과 같이 강력히 말한다.

> 확실히 기독교 설교자는 해석하고, 적용하고, 예증해야 한다. 그러나 그는 창조하지 말아야 한다. 정말로 그는 창조하지 말아야 한다.[80]

참으로 옳은 말이다. 그러나 이처럼 자신의 창조된 뜻을 말하는 설교자가 아니라 하나님의 말씀을 바르게 전하는 설교자가 되려면 그는 철저히 성경의 사람이 되어야 한다. 왜냐하면 성경의 사람이 되지 않고서는 성경은 설교자가 넘기에는 너무나 어렵고 방대한 책이기 때문이다.

그래서 초기 장로교회는 설교자를 세우기에 앞서서 그가 얼마나 성경을 잘 아는지 점검하였다. 예를 들면, 설교 사역을 위하여 안수 받을 목사 후보생들이 성경을 히브리어와 헬라어는 물론 라틴어로

---

[80] John A. Broadus, *On the Preparation and Delivery of Sermons*, revised by Vernon L. Stanfield(New York: Harper & Row, Publishers, 1979), 19.

읽을 수 있는지를 점검하였다.[81] 결론적으로 우리는 청소년 설교자가 성경을 바로 알기 위하여 성경의 사람이 되어야 함을 알 수 있다.

셋째, 청소년 설교자들이 성경의 사람이 되어야 하는 이유는 성경 연구가 설교자의 설교 준비 시간을 줄여 주기 때문이다.

설교자들은 보통 교회에 의하여 맡겨진 여러 가지 일들로 인하여 매우 바쁜 나날들을 보낸다. 특별히 한국 교회 설교자들은 세계 교회의 어떤 설교자들보다도 과중한 목회 활동과 설교 횟수에 시달리고 있다. 그래서 각각의 설교 준비에 필요한 시간을 확보하기가 쉽지 않다. 그러므로 설교자들에게 있어서 설교 준비의 효율성을 높이는 일은 당면한 과제이다.

그런데 설교자들이 설교를 준비할 때, 준비해야 할 내용에 가장 결정적인 영향을 미치는 것이 설교자의 성경 지식이다. 왜냐하면 성경은 설교의 주된 메시지의 원천으로서 설교와 직접적으로 연결되어 있을 뿐만 아니라, 브로더스가 잘 지적한 것처럼 선포하는 것과 관련된 어떤 영적인 것을 설교자에게 주기 때문이다.[82] 즉 다른 설교 자료들은 제공할 수 없으나 설교를 위하여 꼭 필요한 어떤 영적인 것을 설교자에게 직접 줄 수 있기 때문이다.

결국 성경은 청소년 설교의 어떤 자료들보다도 설교와 직접적으로 연결되어 설교자의 설교 준비에 영향을 미칠 수 있기 때문에 청소년 설교자들은 성경에 보다 큰 관심을 기울여야 한다.

---

81) Thomas Leishman, ed., *The Westminster Directory*(《웨스트민스터 예배 모범》, 정장복 역, 서울: 예배와 설교아카데미, 2002), 172.
82) John A. Broadus, *op. cit.*, 19-20.

결론적으로, 청소년 설교자들은 어떤 기독교인들보다도 더 열심히 성경을 읽고 연구하는 성경의 사람이 되어야 한다. 그래야 하나님이 청소년들에게 주신 성경 본문을 브룩스(Phillips Brooks)가 말한 '저주받은 나무토막'[83]처럼 왜곡되게 설교하지 아니하고, 하나님이 주신 그대로, '사실 그대로' 전하게 될 것이다.

3. 특별 요건

지금까지 우리는 청소년 설교자뿐만 아니라 모든 기독교인들이 온전한 하나님의 사람이 되기 위하여 필요한 요소들을 설교자의 관점에서 살펴보았다. 그러나 기독교인이면 누구나 갖추어야 할 이러한 기본 요건들 외에 청소년 설교자들에게 요청되는 특별한 요건들이 있다. 그것은 무엇일까?

---

[83] 브룩스는 성경 본문에 대한 설교자들의 왜곡된 해석과 사용을 방지하기 위하여 '저주받은 나무토막'의 예를 들어 다음과 같이 그 패턴을 설명한다. "디만 예외 없는 한 가지의 원칙이 있습니다. 그것은 여러분이 본문을 사용할 때는 '사실 그대로' 사용하라는 것입니다. 본문이 뜻하지 않는 의미를 억지로 부과하지 말라는 것입니다. 취향에 맞다거나 경외심의 발로라는 것을 내세워서 하나님의 말씀을 왜곡시키거나 늘리거나 하지 말라는 것입니다. 어떤 친구가 한 말을 인용하여 자기 편리한 대로 하는 것 같은 모독적인 방식으로 하나님의 말씀을 다루어서는 안 됩니다. 성경은 많은 기독교 설교자들의 손에서 고통을 받습니다. 마치 야만인이 자기의 우상을 새겨 만들려고 고른 나무토막이 우상을 숭배하는 자의 손에서 고통을 받듯이 말입니다. 우상 숭배자가 소위 신성한 것으로 드린다고 다른 나무토막 말고 그 나무토막을 선택하면, 결국 그 나무토막은 그 위에 부과될 그 우상 숭배자의 모든 공상과 환상적인 속임수의 허상이 칠하여지고 새겨지는 저주를 받게 되는 것입니다. 그 나무토막은 그 마을에서 가장 신성하고 가장 가까이 하기 무서운 나무토막이 된 것입니다." Phillips Brooks, *On Preaching*(《필립스 브룩스 설교론》, 서문강 역, 서울: 크리스챤 다이제스트, 1997), 154-155.

아마도 바람직한 청소년 설교자가 되기 위해서는 최소한 다음과 같은 세 가지 특별한 요건들을 갖추어야 할 것처럼 보인다.

1) 소명의 사람

청소년 설교자가 갖추어야 할 첫 번째 특별 요건은 '소명'(calling), 즉 하나님의 부르심이다. 설교자들은 청소년들 앞에 설교자로 나서기 전에 먼저 하나님의 부르심을 경험해야 한다.

그렇다면 왜 설교자들은 청소년들에게 설교하기 위하여 먼저 소명을 받아야 하는가?

왜냐하면 청소년 설교는 성인들을 대상으로 하는 설교와 마찬가지로 하나님의 말씀이기 때문이다. 그래서 청소년 설교자가 청소년들에게 진정한 하나님의 말씀을 전하기 위해서는 하나님으로부터 말씀을 받아야 하고, 하나님의 말씀을 받기 위해서는 먼저 하나님의 부르심을 경험해야 하기 때문이다.

그래서 많은 설교학자들은 설교에 대하여 논할 때, 설교자의 소명을 언급하곤 한다. 예를 들면, 바우만(J. Daniel Baumann)은 그의 책 《현대 설교학 입문》(*An Introduction to Contemporary Preaching*)의 제2장 '설교자' 부문에서, 설교자의 첫 번째 자격으로 '소명'을 말한다.[84] 설교자에게 있어서 소명은 선택이 아니라 필수라는 것이다. 이것은 청소년 설교자에게도 예외일 수 없다.

---

84) J. Daniel Baumann, *An Introduction to Contemporary Preaching*(《현대 설교학 입문》, 정장복 역, 서울: 도서출판 엠마오, 1991), 41-45.

물론, 청소년 설교자들은 앞에서 언급한 대로 설교를 위하여 충분히 훈련받고 교육받아 안수받은(ordained) 목사가 아닐 수 있다. 아직은 목사가 되기 위한 훈련 과정을 다 마치지 못하고, 교육 과정 중에 있을 수도 있다. 그러나 한 가지 분명한 사실은, 비록 그들이 제도권으로부터 설교자로서 공인될 수 있는 자격을 모두 갖추지는 못했을지라도, 그가 하나님의 말씀을 전하는 청소년 설교자로 서기 위해서는 하나님의 부르심에 대한 확신이 있어야 한다는 점이다.

왜냐하면 로이드 존스가 말한 대로, "설교자는 설교하기로 결정한 그리스도인이 아닌"[85] 것처럼, 청소년 설교자는 설교하기로 결정한 교육전도사나 교육전도사로 나가기로 결심한 신학생이 아니라 하나님으로부터 청소년들에게 말씀을 전하도록 부름 받은 하나님의 말씀의 전달자이기 때문이다. 그러므로 청소년 설교자들은, "하나님은 설교자를 준비하실 때 설교자에게 소명을 주신다"[86]고 말한 윌리엄 블랙(William Black)의 말처럼, 청소년 설교자로 서기 전에 하나님의 설교자에로의 부르심, 곧 소명을 받아야 한다.

물론 청소년 설교자들은 티자드(Leslie Tizard)가 언급한 대로, 소명을 극적으로 받을 수도 있고 또 오랜 시간에 걸쳐서 점진적으로 받을 수도 있다.[87] 또 일리언 존스(Ilion T. Jones)의 말대로 그 양식(pattern)이 각각 다를 수도 있다.[88]

---

85) Martyn Lloyd-Jones, *Preaching and Preachers*(London: Hodder & Stoughton, 1998), 103.
86) 윌리엄 블랙, 《강해 설교 어떻게 준비할 것인가?》(서울: 한국성서유니온선교회, 2000), 39.
87) Leslie J. Tizard, *Preaching: The Art of Communication*(New York: Oxford University Press, 1958), 18.

그러나 분명한 사실은 청소년 설교자들은 스펄전이 말하는 대로, 설교 사역을 위하여 "모든 것을 흡수하는 강렬한 욕망(an intense, all-absorbing desire)"[89]인 소명을 받아야 한다. 그들은 청소년들에게 말씀을 전하지 않고는 견딜 수 없으며, 청소년 설교 때문에 세상의 다른 일은 할 수도 없고, 하고 싶지도 않은 사람들이 되어야 한다. 왜냐하면 베드로와 안드레와 야고보와 요한이 모든 것을 버려두고 예수님을 따랐던 것처럼(마 4:18-22), 그들은 오직 청소년 설교를 위하여 모든 것을 놓아두고 나선 사람들이기 때문이다.

2) 청소년을 잘 아는 사람

청소년 설교자가 갖추어야 할 두 번째 특별 요건은, 청소년을 잘 아는 것이다. 즉 청소년 설교자는 보통 사람들보다 더 청소년을 사

---

[88] 존스는 소명의 다양한 양식을 다음과 같이 서술적으로 잘 표현한다. "소명에는 일정한 양식(pattern)이 따르지 않는다. 어떤 이에게는 바울이 다메섹 도상에서 경험한 것과 같이 특별한 순간에 일어나므로 항상 하나님께서 부르신 정확한 시간을 뒤돌아볼 수 있는 반면, 어떤 이에게는 과정의 끝에 오기도 한다. 점진적인 인간 욕구에 대한 깨달음, 이 욕구를 만족시킬 자기 능력의 점차적인 실현, 하나님께서 문을 열고 계신다는 깊은 확신, 그리고 나서 자신의 길을 선택했다는 확신이 오는 것이다. 몇몇의 경우는 베드로나 야고보나 요한이 즉시 그물을 버리고 예수를 따라나섰던 것같이 즉시 응답한다. 또 많은 경우 처음엔 의심하거나 주저하거나 반항조차 하면서 이를 숨기다가, 어떤 미래의 사건이 하나님께서 인도하고 계신다는 자신의 판단을 확신시켜 줄 때 최고의 정열을 가지고 나서게 된다. 소수의 경우엔 극적이고 강렬하며 거의 압도적인 영적 격변기에 받아들이기도 한다. 그러나 대부분의 경우는 진지하고 조용하게 그리고 기도하면서 모든 요인들을 평가하는 가운데서 어떤 방향으로 우세하게 기울게 하는 '잔잔하고 조용한 목소리'를 들을 때 조용히 받아들이게 된다. 어떤 형태로 나타나든지 간에 부름은 하나님으로부터 각 개인에게 오는 것으로 확인할 수 있어야 한다." Ilion T. Jones, *Principles and Practice of Preaching*(《설교의 원리와 실제》, 정장복 역, 서울: 생명의말씀사, 1990), 87-88.

랑하고, 또 청소년에 대한 관심과 지식이 보통 사람들보다 더 많아야 한다는 것이다.

그렇다면 왜 설교자들은 바람직한 청소년 설교자가 되기 위하여 청소년에 대한 사랑과 지식이 있어야 하는가? 그것은 설교의 대상이 청소년들이기 때문이다. 즉 청소년 설교는 청소년이라는 특정한 대상을 향하여 선포되는 하나님의 말씀이기 때문이다.

폰 알멘(Jean-Jacques von Allmen)에 의하면, 설교에는 분명한 두 개의 기둥(pole)이 있다. 하나는 성경에 기록된 하나님의 말씀이며, 다른 하나는 설교의 수용자들(recipients)인 청중이다.[90] 어떤 설교도 이 두 기둥이 없을 수는 없다. 하나님이 설교자를 통하여 전하려고 하시는 말씀과, 그 말씀을 듣고 하나님의 뜻대로 변화되어야 할 설교의 대상인 청중이 있는 것이다. 이것은 청소년 설교에서도 마찬가지이다. 단지 청소년 설교는 하나님의 말씀을 수용해야 할 대상이 청소년이라는 점이 다를 뿐이다.

물론 여기서 우리는 폰 알멘의 주장대로, 하나님의 말씀을 청중인 청소년들에게 전할 때, 말씀을 청중에게 맞추어 변용시키지 않고, 단지 그들에게 적용해야만 한다.[91] 그러나 분명한 점은, 하나님의 말씀은 주어진 청중의 집합체를 위하여 번역되고 현재화되어야 하며,[92] 청소년 설교에 있어서 청중은 청소년들이기 때문에 설교자

---

89) Charles H. Spurgeon, *Lectures to My Students*(Ross-shire: Christian Focus Publications, 1998), 29.
90) Jean-Jacques von Allmen, *Preaching and Congregation*, translated by B.L. Nicholas(London: Lutterworth Press, 1962), 20-31.
91) *Ibid.*, 28.
92) *Ibid.*, 27.

가 말씀을 청소년들에게 적절하게 번역하고 현재화하기 위해서는 청소년들을 잘 알아야 한다는 점이다.

그래서 존 스토트는 설교를 '다리를 놓는 것'(bridge-building)이라고 말한다.[93] 즉, 설교가 성경의 세계와 현대 세계, 바꾸어 말하면 2천 년 전에 기록된 성경과 오늘의 청소년들 사이에 다리를 놓는 작업이라는 것이다. 옳은 주장이다. 설교는 폰 알멘이 말한 두 개의 기둥에, 존 스토트가 주장한 것처럼 다리를 놓는 작업인 것이다.

그런데 여기서 우리가 기억해야 할 점은, 두 세계 사이에 적절한 다리를 놓기 위해서는 우리는 성경의 세계뿐만 아니라 청중의 세계, 즉 청소년을 잘 알아야 한다는 점이다. 다리를 지탱해 줄 두 개의 기둥 중 하나인 청소년을 알지 못하고서는 성공적인 다리의 건설은 불가능하다.

그러나 위에서 말한 것처럼 설교라는 다리를 성공적으로 건설하는 것은 쉬운 일이 아니다. 그래서 많은 설교학자들은 커뮤니케이션 이론들에 주목한다.[94] 좀더 정확하고 효과적인 커뮤니케이션을 위하여 끊임없이 개발되어 나오는 커뮤니케이션 이론들을 커뮤니케이션의 일종인 설교에 적용함으로써, 좀더 효과적으로 전달되는 설교를 지향하는 것이다.

---

93) John Stott, *I Believe in Preaching*(London: Hodder & Stoughton, 1982), 137.
94) 예를 들면, 바우만(J. Daniel Baumann)은 그의 책 《현대 설교학 입문》(*An Introduction to Contemporary Preaching*)에서, 책의 전(全) 내용 중 약 3분의 1인 제1편을 커뮤니케이션의 관점에서 서술한다. 더 자세한 내용은 J. Daniel Baumann, *An Introduction to Contemporary Preaching*(《현대 설교학 입문》, 정장복 역, 서울: 도서출판 엠마오, 1991), 17-121을 보라.

그러나 이러한 커뮤니케이션 이론들도 여전히 두 개의 확고하게 세워진 기둥(pole)들을 필요로 한다. 다시 말하면, 대부분의 커뮤니케이션 이론들은 그 표현들은 각각 다를 수 있을지라도 말하는 자(speaker) 또는 발신자와 듣는 자 또는 수용자(receiver)라는 확고한 기둥들 위에 세워지는 것이다. 즉 커뮤니케이션 학자들이 주장하는 효과적인 커뮤니케이션 이론들의 근저에는 말하는 자와 듣는 자가 있고, 학자들은 듣는 사람들이 보다 잘 들을 수 있도록 듣는 자를 고려하여 커뮤니케이션 이론을 개발하는 것이다. 결국 설교학자들이 주목하는 커뮤니케이션 이론들 역시 말씀을 듣는 자, 즉 청소년에 대한 깊은 이해를 필요로 한다.

결론적으로, 좋은 청소년 설교란 청소년에 대한 충분한 이해를 바탕으로, 성경이 기록된 과거의 세계와 설교를 듣는 청소년들이 사는 오늘의 세계의 문화적 긴격을 잘 연결하여, 오늘의 청소년들이 말씀이 기록된 시대의 청중이 느끼고 경험했던 그대로 말씀을 경험하게 하는 것이다.

그러므로 청소년 설교자들은 항상 자신들의 설교의 대상인 청소년들에 대한 충분한 이해를 가져야 한다. 청소년들의 지식 수준이나 문화, 환경, 고민은 물론, 가능한 한 청소년들을 객관적으로 이해할 수 있는 연구와 노력을 통하여 청소년들에 대한 충분한 지식을 가져야 한다. 특별히 나일즈(Daniel Thambyrajah Niles)가 주장하는 대로, 우리가 설교자(preacher)들이 되는 것은 하나님이 우리를 설교자(preacher)가 되도록 부르셨기 때문이 아니라 우리를 종(servant)으로 부르셨기 때문이라는 것[95]이 사실이라면, 청소년 설교자들은 청소년들을 지식적으로뿐만 아니라 섬김(service)과 친절한 사귐(fellowship)을 통하여 더욱 인격적으로 알아야 할 것이다.

3) 훈련의 사람

그렇다면 청소년 설교자들이 위에서 언급된 자격들만 갖추면 모두 바람직한 청소년 설교자가 될 수 있을까? 아마도 학자들에 따라서 몇 가지를 더 언급할 수 있겠으나, 필자가 보기에 마지막으로 한 가지만 더 언급한다면, 그것은 청소년 설교자로서의 적절한 모습을 갖추기 위하여 자기 자신을 교육하고 훈련하거나 설교자로서의 부족한 면을 채우기 위하여 스스로를 끊임없이 배움의 길 또는 훈련의 길로 내모는 '훈련의 사람' 인 것처럼 보인다.

왜냐하면 아무리 위에서 언급된 조건들을 다 갖추었다 할지라도, 청소년 설교를 위하여 필요한 요소들을 설교자가 적절한 훈련을 통하여 갖추지 못한다면 설교자의 바람직한 청소년 설교 준비는 요원한 일이기 때문이다.

물론 우리는 설교의 역사 속에서 설교자는 만들어지는 것이 아니라 타고난다고 주장하는 사람들을 만난다. 예를 들면, 필립스 브룩스는 다음과 같이 말한다.

강단에 서 있는 그 사람의 모습을 보면서 "아, 참! 저 사람은 천상 설

---

95) Daniel Thambyrajah Niles, *The Preacher's Calling to be Servant*(London: Lutterworth Press, 1959), 44.

교자구먼" 하고 말하지 않으면 안 될 만큼 어떤 자질이 드러나 있어야 한다고 생각합니다. 그것이 열심이든지, 웅변이든지, 아니면 사람을 끄는 자력이든지, 아니면 설교를 위한 은사이든지 말입니다······참으로 설교하는 모든 사람에게 반드시 그러한 자질에 속한 것이 있어야 합니다. 그러한 자질이 전혀 없는 사람은 결코 설교자가 될 수 없습니다.[96]

즉 필립스 브룩스는 설교자가 갖추어야 할 특별한 자질을 말한다. 그런데 이것은 배우거나 훈련된 것이라기보다는 타고난 것인 것처럼 보인다. 이런 부류의 학자들의 '설교자의 타고난 자질'에 대한 생각은 로이드 존스의 다음의 말들을 보면 더욱 분명히 드러난다.

설교하는 일, 설교 행위가 무엇이라고 말씀드렸습니까? 여기에 대해서 오직 한 가지밖에는 말할 수 없습니다. 설교하는 일이란 가르쳐질 수 있는 것이 아니라는 것입니다. 그것은 불가능합니다. 설교자는 태어나는 것이지 만드는 것이 아닙니다. 이것은 절대적입니다. 만일 어떤 사람이 이미 설교자가 아닌 사람이면, 결단코 그를 설교자가 되도록 가르치지 말아야 할 것입니다.[97]

즉 여기서 로이드 존스의 주장은 설교자로서의 재능은 날 때부터 타고난 것이지, 가르쳐지거나 훈련될 수 있는 것이 아니라는 것

---

96) Phillips Brooks, *op. cit.*, 48.
97) D.M. Lloyd-Jones, *op. cit.*, 155-156.

이다. 물론 우리는 위의 주장들에 대하여 어느 정도 공감할 수 있다. 왜냐하면 타고난 특별한 재능을 가진 설교자들은 보통 사람들보다 쉽게 주어진 말씀 사역을 감당할 수 있기 때문이다.

그렇다면 정말로 설교 사역을 위하여 필요한 재능들은 가르쳐지거나 훈련될 수 없는 것일까? 그것은 아닌 것처럼 보인다. 왜냐하면 많은 교육학 책들이 주장하는 것처럼, 인간은 태어날 때 상대적으로 부족한 재능을 가졌을지라도 교육과 훈련을 통하여 보통 이상의 능력을 가진 사람으로 다시 태어날 수 있기 때문이다. 다시 말하여, 설교자가 되기에는 부족한 재능을 가진 것처럼 보이는 사람도 교육과 훈련을 통하여 보통 이상의 능력을 소유한 사람으로 거듭날 수 있기 때문이다.

또 앞에서 언급한 두 사람들 역시 타고난 재능을 이유로 설교자의 자격을 제한하고 있으나, 실질적으로는 다음의 글들을 통하여 훈련의 중요성을 인정하고 있기 때문이다. 예를 들면, 필립스 브룩스는 이렇게 말한다.

　오, 사랑하는 학생들이여, 설교자가 항상 해야 할 일은 신학을 특별하게 연구하고 그에 속한 모든 것을 연구하는 일입니다.[98]

마찬가지로 로이드 존스는 이렇게 말한다.

　"우리 모두는 우리의 마음을 훈련시킬 필요가 있습니다. 우리가 훌륭

---
98) Phillips Brooks, *op. cit.*, 50.

한 지능을 가질 수 있으나 그것은 훈련될 필요가 있습니다. 그리고 어떤 학문이나 과학에서의 훌륭한 일반 훈련도 그처럼 좋은 것입니다. 왜냐하면 그것은 생각하는 법과 조직적이고 논리적으로 주장을 전개하는 법을 가르쳐 주기 때문입니다."[99]

즉 이들은 비록 타고난 재능을 강조하고 있으나, 역시 훈련의 중요성을 인식하고 있는 것이다.

결론적으로, 우리는 청소년 설교자에게 훈련이 절대적으로 필요함을 알 수 있다. 그래서 일리언 T. 존스는 훈련의 일종인 연구에 대하여 다음과 같이 말한다.

연구를 위한 규칙적인 시간을 가져라. 일을 언제 시작해야 할지 또는 얼마나 오랫동안 붙들고 있어야 할지에 대해선 규칙이 있는 것이 아니다. 그러나 설교자는 연구에 몰두할 고정된 시간이 있어야 하며, 진실하게 사역에 임하겠다는 결단과 준비로 임해야 한다. 지난 시간을 살펴볼 때 우리 대부분은 조슈아 레이놀즈(Joshua Reynolds)가 한 말이 진리란 것을 경험을 통해 지지할 수 있다. 즉 "우리가 진정한 생각의 노력을 피하려고 찾아갈 수 있는 편법은 하나도 없다."[100]

---

99) D.M. Lloyd-Jones, *op. cit.*, 151.
100) Ilion T. Jones, *op. cit.*, 68-69.

4. 나가는 말

결론적으로, 우리는 누군가가 청소년 설교자로 나서기 위해서는 일정한 자격을 갖추어야 함을 알았다. 기독교인이라면 누구나가 갖추어야 할 기본 자격들뿐만 아니라 청소년 설교자에게 필요한 특별한 자격들도 갖추어야 함을 알았다.

즉 청소년 설교자로 나서는 사람은 최소한 기본적으로 하나님을 진정으로 믿고 의지하는 하나님의 사람이 되어야 하며, 기도를 통하여 하나님과 깊은 교제를 나누는 기도의 사람이 되어야 하고, 또 그 어떤 기독교인들보다도 더 성경을 즐겨 읽고 사랑하는 성경의 사람이 되어야 함을 알았다. 그리고 특별히 하나님께서 자신을 청소년 설교자로 부르셨다는 확신 가운데, 누구보다도 더 청소년들을 사랑하고 잘 아는 사람이 되어야 하며, 특별히 앞에서 언급된 내용들을 자신에게 비추어 보며 자신의 부족함을 발견하고, 끊임없이 좀더 나은 청소년 설교자가 되기 위하여 자신을 훈련의 길로 내모는 훈련의 사람이 되어야 함을 알았다.

하지만 오늘날 우리는 앞에서 언급된 자격들을 골고루 갖춘 청소년 설교자를 만나기가 쉽지 않다. 자신을 하나님의 사람으로 단정하며 기도와 성경 읽기에 열심인 사람은 청소년에 대한 연구나 설교를 위하여 필요한 훈련을 게을리 하며, 또 끊임없는 연구와 관심으로 세상에서 방황하는 청소년들을 잘 알고 그래서 이들에게 적절한 방법으로 설교하기 위하여 부단히 자신을 훈련하는 사람은 하나님에 대한 인식과 기도가 부족함을 본다. 그러나 이것들 중 그 어떤 한 가지만으로는 훌륭한 청소년 설교자가 될 수 없다.

그러므로 하나님께서 원하시는 바람직한 청소년 설교자가 되기를 원하는 사람은 앞에서 언급된 모든 자격들을 골고루 갖추기 위해서 최선의 노력을 경주해야 할 것이다. 즉 성경을 폭넓고 깊게 연구하고, 기도함을 통하여 하나님을 깊이 만남으로 철저히 하나님의 사람이 됨은 물론, 청소년을 깊이 알고, 또 청소년 설교를 위하여 부르신 하나님의 부르심에 부응하여 자신을 철저히 훈련함으로써 바람직한 청소년 설교자가 되어야 할 것이다. 그럴 때 그를 통하여, 오늘날 교회를 떠나 세상에서 방황하는 수많은 청소년들이 다시 교회로 돌아와 하나님이 주시는 참된 소망을 갖게 될 것이다.

그러면, 만일 청소년 설교자가 앞에서 언급한 모든 자격들을 갖추었다면, 그는 이제 어떤 내용을 설교해야 할까? 청소년 설교자가 공예배 시간에 설교단에서 외치는 모든 말이 하나님의 말씀이 될 수는 없다. 그렇다면 청소년 설교자는 설교단에서 어떤 말씀을 선포해야 할까? 그리하여 다음 장에서는 청소년 설교자가 설교단에서 선포해야 할 청소년 설교의 내용을 살펴보겠다.

제3장
청소년 설교의 내용[101]

최근 한국의 청소년 설교는 내용상 여러 가지 문제점들에 직면해 있다. 청소년 설교자들은 특별한 기준 없이 설교 내용을 전개한다. 또 설교 내용을 자신들의 주장만으로 채우기도 하고, 설교 내용을 흥미 위주로만 구성하기도 한다. 그리고 심지어 다른 사람의 설교를 도용하기도 한다. 그러나 이러한 문제점들은 한국 교회 청소년 설교자들이 걸어가야 할 길이 아니다. 이것들은 고쳐지고 극복되어야 한다.

그러므로 본 장은 이러한 내용상의 문제점들을 극복하기 위하여 다음의 세 가지 기준을 제시한다. 첫째, 청소년 설교 내용은 철저히 성경적인 내용이어야 한다. 둘째, 그것은 삼위일체 하나님의 뜻에 맞아야 한다. 셋째, 설교자들은 청소년 설교 내용을 준비할 때 청소년의 눈높이를 고려해야 한다.

---

101) 이 글은 〈신학과 실천〉 제15호에 수록된 필자의 글을 수정, 보완한 것이다.

1. 들어가는 말

최근 한국 설교계의 주된 관심은 설교의 형태에 있는 것처럼 보인다. 이것은 김운용이 그의 책 《설교의 새로운 패러다임》에서 잘 밝히고 있는 것처럼, 설교의 내용은 그 형태가 적절할 때 효과적으로 전달되며, 또 그동안 한국 교회 설교자들의 설교가 너무 한 설교 형태에 고착되어 온 경향이 있었기 때문이다.[102]

한국 설교계의 이러한 설교 형태에 대한 관심은 청소년 설교에서도 그대로 드러난다. 즉 한국 교회 청소년 설교자들은 설교의 내용보다는 그 형태에 보다 큰 관심을 표출하고 있는 것이다.[103]

그렇다면 과연 청소년 설교의 형태는 중요하나 그 내용은 중요하지 않은 것일까? 또 청소년 설교에 있어서 형태들이 설교의 내용들을 담아내기에 부족한 점이 많기 때문에 끊임없이 연구되고 개선되어야 하지만, 내용들도 아무런 문제점이 없는 것일까?

그것은 아닌 것처럼 보인다. 왜냐하면 데이비스(Henry Grady Davis)가 잘 말한 대로, 생명체는 형상(form)과 질료(substance)가 결합하여 나타나기에 형상과 질료 둘 다 본질적인 것인 것처럼,[104] 청

---

102) 김운용, 《설교의 새로운 패러다임》(서울: 장로회신학대학교 출판부, 2004), 171-172.
103) 예를 들면, 신정의, 《16가지 어린이 설교법》(서울: 한국어린이교육선교회, 1992)은 책 제목이 말해 주고 있듯이, 주로 설교의 형태에 대하여 말한다. 신정의는 여기서 기존의 설교 방법론에 자신이 새롭게 시도한 방법론들을 추가하여 16가지의 설교 형태를 제시한다. 그러나 그는 설교의 내용에 대해서는 거의 언급하지 않는다. 물론, 그는 '제5장 어린이 설교의 준비' 부문에서 '설교 내용'을 말한다. 그러나 여기서도 그는 설교가 본질적으로 어떤 내용으로 구성되어야 할지를 말하기보다 '내용 전개의 기술'과 '설교 내용의 표현' 등 소제목들이 말해 주듯이, 단순히 내용을 서술하는 기술적인 측면만을 언급한다.

소년 설교 역시 내용과 형태가 결합되어 나타나기에 형태와 마찬가지로 내용 역시 본질적이고도 중요한 것처럼 보이기 때문이다. 또 오늘날 한국 교회의 청소년 설교는 형태뿐만 아니라 내용 역시 다양한 문제점들을 내포하고 있는 것처럼 보이기 때문이다.

그렇다면 오늘날 한국 교회 청소년 설교는 내용상 어떤 문제점들을 내포하고 있는 것일까? 그리고 청소년 설교 내용에 문제점이 있다면 그 문제점들은 어떻게 극복될 수 있는 것일까? 하지만 여기서 한국 교회 청소년 설교 내용의 모든 문제점들을 분석하고, 그것에 대한 해결책을 제시하는 것은 불가능하다. 그러므로 여기서는 한국 교회 청소년 설교 내용과 관련하여 제기되는 몇 가지 문제점만을 살펴보고, 그 문제점들을 근본적으로 해결할 수 있는 청소년 설교 내용을 위한 세 가지 기준만을 제시한다.

2. 청소년 설교 내용의 문제점

그렇다면 오늘날 한국 교회 청소년 설교는 내용적으로 어떤 문제점들을 내포하고 있는 것일까? 한국 교회 청소년 설교는 오늘날 내용상 최소한 다음과 같은 네 가지 문제점들을 내포하고 있는 것처럼 보인다.

---

104) Henry Grady Davis, *Design for Preaching*(Philadelphia: Muhlenberg Press, 1958), 1.

1) 기준 부재의 설교 내용

내용적으로 볼 때 한국 교회의 청소년 설교가 갖고 있는 첫 번째 문제점은, 상당히 많은 설교자들이 설교 내용에 대한 특별한 기준 없이 설교를 전개하고 있다는 점이다.

다시 말하면, 청소년 설교자들이 설교를 준비하거나 행할 때 어떤 내용으로 설교를 전개할 것인가에 대한 분명한 기준 없이 그때그때마다 즉흥적으로 설교를 준비하고 있다는 것이다. 예를 들면, 기독문서선교원의 박상태는 '기독문서선교원'의 이름으로 편집한 《눈높이에 맞춘 어린이 설교집 2권》에서, 25편의 어린이 설교를 제시한다. 그런데 이 설교집은 주제 선정에 대한 특별한 기준 없이 무작위로 선정한 설교들을 설교 제목의 가나다순으로 나열하고 있다. 설교 주제 선정에 대한 특별한 기준 없이 그저 설교를 가나다순으로 단순 나열하고 있는 것이다.

물론 우리는 박상태가 책의 서두에서 밝힌 "첫째는 하나님께서 기뻐하실 말씀일까 고민이 되며, 둘째는 어린이들에게 재미있으면서도 감동적인 말씀일까 고민이 되는 것입니다"[105]라는 표현을 통하여, 그가 비록 명시적으로는 설교 내용을 위한 기준을 제시하지 않았을지라도 어떤 기준을 염두에 두고 있음을 알 수 있다. 즉 그는 아마도 '하나님의 기쁨'이나 '어린이의 흥미'와 같은 것을 내용의 기준으로 삼고 있는 것처럼 보인다.

---

105) 기독문서선교원 편, 《눈높이에 맞춘 어린이 설교집 2권》(서울: 영성출판사, 2004), 4.

그러나 비록 그가 이 두 가지를 청소년 설교 내용의 기준으로 설정하고 있다고 할지라도, 이것들 역시 설교 내용의 기준으로서는 충분하지 못한 것처럼 보인다. 왜냐하면 그가 말하는 '하나님의 기쁨'은 그의 설교집 어디에서도 추가적인 설명이 없기 때문에 설교 내용의 기준으로서는 너무 모호해 보인다. 또 '어린이의 흥미' 역시 설교의 대상인 어린이의 입장을 고려한 점은 긍정적이나, 설교는 하나님의 말씀[106]이기 때문에 내용 결정에 분명히 하나님의 뜻이 반영되어야 하는데, 이것은 하나님의 어떤 의지도 담아내지 못하고 있는 것처럼 보이기 때문이다.

그렇다면 다른 청소년 설교자들은 어떠할까? 한 가지 예만을 더 들어 보면, 양승헌의 《어린이 설교 클리닉》이 있다. 이 책은 기존의 많은 청소년 설교집들과는 달리 청소년 설교, 그중에서도 어린이 설교에 초점을 맞추어 설교 이론을 전개한다. 그리고 지금까지 대부분의 청소년 설교 관련 서적들이 단순 설교집 형태였다면, 이것은 지금까지의 단순 설교집의 형태를 벗어나 어린이 설교의 문제점을 지적하고 그 대안을 제시한다.

양승헌은 심지어 책을 쓴 목적이 "바른 어린이 설교의 기본형 정립"[107]에 있다고 말한다. 그렇다면 그는 위의 책에서 설교 내용에 대한 분명한 기준을 확립하고 있는가? 그것은 아닌 것처럼 보인다. 왜냐하면 여기서 그가 비록 다른 청소년 설교집들과 비교하여 볼 때 청소년 설교 이론에 대하여 상당히 체계적인 내용들을 기술하고 있

---

106) 김금용, "청소년 설교의 한 정의", 〈신학이해〉 제25집(2003년 5월), 270-271.
107) 양승헌, 《어린이 설교 클리닉》(서울: 도서출판 디모데, 2001), 4.

지만 설교 내용에 대해서는 거의 말하고 있지 않기 때문이다. 즉 청소년들에게 어떤 내용을 설교해야 할 것인지에 대해서는 침묵하고 있는 것이다.

물론 그는 "3장 어린이에게 무엇을 설교할지 알라" 부문에서, 외형적으로는 설교의 내용적인 부분을 다루고 있는 것처럼 보인다. 그러나 우리가 실제로 그가 3장에서 기술하고 있는 내용을 분석해 보면, 그 역시 다른 청소년 설교자들과 마찬가지로 설교 내용에 대해서는 침묵하고 있음을 알 수 있다.

즉 그는 설교의 내용이 어떤 내용이 되어야 하며 또 그 기준은 어떠해야 하는가를 말하기보다, 성경으로부터 내용을 어떻게 도출하여 전개할 것인가 하는 설교 내용 도출의 방법론만을 다룬다. 다시 말하여, 그는 주해와 강해를 통하여 성경 본문으로부터 중심 사상(central idea)을 좁혀내고, 다시 이것을 몇 개의 포인트로 벌려서, '주의 집중 – 문제 제기 – 정답 암시 – 설명 – 결론' 의 순이나, '문제 제기 – 정답 암시 – 설명 – 주의 집중 – 결론' 의 순서로 설교의 골격을 세워야 한다고 주장한다.[108]

결국 양승헌은 다른 청소년 설교자들과 마찬가지로 설교 내용 자체나 그 내용에 대한 기준보다는, 설교 내용을 어떻게 도출하여 전개할 것인지에만 관심을 기울이고 있는 것처럼 보인다.

결론적으로, 우리는 위의 사실들을 통하여 오늘날 상당히 많은 청소년 설교자들이 설교의 대상인 청소년들의 눈높이는 고려하고 있으나, 그가 전하는 설교 내용에 대해서는 명확한 기준을 갖고 있

---

108) Ibid., 55-106.

지 않음을 알 수 있다.

2) 자기 주장

내용상 청소년 설교자들이 가지고 있는 두 번째 문제점은 설교 내용을 자기 주장과 혼동하는 것이다. 교회가 자신을 설교자로 인정하고 또 예배 순서 중에서 '설교'로 명명된 시간이라면, 설교자가 어떤 말을 해도 가능하다고 보는 것이다. 심지어 그것이 단순히 설교자의 자기 주장에 불과할지라도 가능하다고 생각하는 것이다.

이러한 예는 오늘날 우리 한국 교회의 설교 현장에서 너무나 쉽게 발견된다. 예를 들면, 서성복의 설교 "억지로 하자"를 들 수 있다. 서성복은 여기서 마태복음 27장 32절에 나오는 '억지로' 라는 말을 억지로 끌어다가 모든 일을 억지로 해야 한다고 주장한다.[109] 본문 말씀의 의도와 상관없이 설교자의 자의적인 주장을 설교 내용으로 전개하고 있는 것이다.

또 다른 예를 들면, 박은배의 "현미경의 눈과 망원경의 눈"이라는 설교를 들 수 있다. 박은배는 여기서 오늘날 많은 청소년들이 잘못된 눈을 가지고 있기 때문에 자신의 환경을 원망하고 불평하며 힘든 삶을 살고 있다고 주장한다. 그리고 다른 사람을 볼 때는 망원경의 눈으로 보고, 자신을 볼 때는 현미경의 눈으로 보아야 한다고 설교한다.[110]

---

109) 이것에 대한 좀 더 자세한 내용은 김금용, "청소년 설교의 한 정의", 〈신학이해〉 제25집(2003년 5월), 265-266이나 서성복, 《예화별 어린이 10분 설교집》(서울: 은혜출판사, 2001), 115-118을 보라.

그런데 여기서 그가 본문으로 선택한 성경 말씀은 고린도후서 5장 17절, 곧 "그런즉 누구든지 그리스도 안에 있으면 새로운 피조물이라 이전 것은 지나갔으니 보라 새것이 되었도다"이다. 즉 그가 선택한 성경 본문의 내용과 설교의 내용이 상이(相異)하다. 그리고 심지어 설교자는 설교 어디에서도 본문 말씀을 언급하거나 본문의 내용과 설교 내용을 연결시키려고 하지 않는다. 단순히 자신이 옳다고 생각하는 내용을 주장하고 있는 것처럼 보인다. 다시 말하면, 박은배는 설교를 단순히 교훈적인 자기 주장을 전개하는 시간으로 여기는 것처럼 보인다.

그렇다면 청소년 설교는 단순히 설교자의 자기 주장일까? 그것은 전혀 아니다. 왜냐하면 설교자는 설교의 주인이 아니라, 토머스 롱(Thomas G. Long)의 말대로 증인(witness)이며,[111] 그래서 엄밀히 말하면 설교는 설교자의 말이 아니라 하나님의 말씀이기 때문이다.

3) 흥미 위주의 내용

청소년 설교자들의 설교 내용에 있어서의 세 번째 문제점은, 설교 내용을 지나치게 흥미 위주로 구성한다는 점이다.

설교 내용을 위한 어떤 기준보다도 흥미에 그 초점을 맞추고 있다는 점이다. 예를 들면, 앞에서 언급한 기독문서선교원이 편집한 설교집은 책의 특징으로 다음 네 가지, 즉 '짜임새 있는 구성, 참신

---

110) 이진우, 《청소년 설교 이렇게 하십시오》(서울: 한국문서선교회, 1999), 188-189.
111) Thomas G. Long, *The Witness of Preaching*(London: Westminster John Knox Press, 1989), 41.

한 도입, 빛 된 예화, 확실한 시청각 자료'를 제시한다. 그런데 이 네 가지는 모두 어린이의 눈높이, 그중에서도 어린이의 흥미와 직간접적으로 연결되어 있다. 즉 이러한 특징들을 통하여 이 책이 다른 설교집들과 비교해 볼 때, 더 흥미롭고 재미있게 구성되었다는 것이다.

물론 혹자는 위의 '참신한 도입'이나 '빛 된 예화'와 '확실한 시청각 자료'들은 어린이의 흥미나 눈높이를 고려하여 구성하였으나, 첫 번째의 '짜임새 있는 구성'은 어린이의 흥미와는 무관한 것이라고 주장할 수 있다. 그러나 이것 역시 이 책의 구성에 대한 다음의 설명을 보면 어린이의 흥미나 눈높이와 무관한 것이 아님을 알 수 있다.

"본 설교집은 아이들의 눈높이에 맞추어 한 편의 설교를 도입, 본론, 예화, 결론의 형식을 짜임새 있게 구성하였습니다."[112]

---

112) 기독문서선교원 편, *op. cit.*, 6.
113) 예를 들면, "꿈꾸는 나무"라는 제목의 설교가 있다. 이것은 본문이 시편 71편 14절 "나는 항상 소망을 품고 주를 더욱더욱 찬송하리이다"이다. 그런데 설교 내용은 먼 옛날 어느 산마루에 꿈을 가진 아기 나무 세 그루가 있었다는 이야기다. 이들은 각각 '세상에서 가장 아름다운 보석함', '세상에서 가장 크고 튼튼한 배', '세상에서 가장 키가 큰 나무'가 되는 꿈을 꾸었으나, '아기 예수님이 누우신 말구유', '예수님을 태운 배', '예수님이 못 박히신 나무'가 되었다는 내용이다. 하늘과 땅의 왕이신 예수님을 모신 구유, 배, 그리고 예수님이 못 박히신 나무가 되었으니, 모두 꿈을 이루었다는 이야기다. 그러므로 설교를 듣는 어린이들도 예수님과 함께 꿈을 키운다면 반드시 그 꿈을 이룰 수 있다는 내용이다.
이렇듯 창작된 이야기는 재미있으나, 본문 말씀과 직접적인 관계가 없는 내용이다. 다시 말하면, 설교자는 비록 예수님과 관련지어 이야기를 만들었으나, 본문 말씀과 관계없는 내용을 흥미 위주로 엮어가고 있는 것처럼 보인다. 설교자의 아이들의 흥미에의 호소는 설교의 서두에 밝힌 다음의 조언에서도 분명히 드러난다. "그림이나 OHP 자료를 이용하면 좋다. 목소리도 생생하게 구연 동화식으로 한다." 더 자세한 내용은 기독문서선교원 편, 《눈높이에 맞춘 어린이 설교집 2권》(서울: 영성출판사, 2004), 56-63을 보라.

즉 이 책의 저자는 설교의 구성 역시 아이들의 눈높이를 고려하여 작성한 것이다. 결국 이 설교집은 설교 내용의 모든 초점을 어린이의 눈높이, 그중에서도 흥미에 맞추고 있는 것처럼 보인다. 그래서인지 이 설교집에는 때때로 제시된 본문 말씀과 설교 내용이 전혀 일치하지 않는, 흥미만을 고려한 것처럼 보이는 내용도 발견된다.[113]

청소년 설교자들의 이런 '흥미'에의 관심은 양승헌의 어린이 설교 이론에서도 그대로 드러난다. 양승헌은 책의 머리말에서 "어린이 설교는 성경의 진리를 타협하지 않고 어린이들의 눈높이에 맞추어 전달하는 어린이 사이즈의(childlike) 설교이어야 한다"[114]고 주장한다. 즉 어린이 설교가 '타협되지 않은 성경의 진리'와 '어린이의 눈높이'에 맞추어 구성되어야 한다고 말한다.

그러나 실제로 그의 책의 내용을 살펴보면, 어느 모로 보나 '타협되지 않은 성경의 진리'보다는 '어린이의 눈높이' 쪽으로만 치우친 것처럼 보인다. 왜냐하면 그는 그의 책 어디에서도 어떤 것이 성경의 타협되지 않은 진리인가는 말하지 않고, 단지 어린이의 눈높이나 흥미에 대해서만 관심을 표명하고 있기 때문이다.

예를 들면, 그는 어린이 설교의 특성을 적합성, 구체성, 간결성, 쉬움, 흥미성 등등[115] 주로 어린이의 눈높이 관점에서만 말한다. 그리고 특별히 흥미성에 대해서는 다음과 같이 서술한다.

---

114) 양승헌, *op. cit.*, 4.
115) *Ibid.*, 26-32.
116) *Ibid.*, 29.

재미없는 설교를 싫어하는 것은 어른이나 아이나 마찬가지다. 아이들은 그 반응을 노골적으로 보이는 반면, 어른들은 눈을 감고 설교가 끝날 때까지 조는 것이 다를 뿐이다.[116]

다시 말하여, 어린이는 재미없는 설교는 노골적으로 그 반응을 드러내기 때문에 어린이 설교는 반드시 흥미 있게 구성되어야 한다는 것이다.

물론 우리는 위의 설교자들처럼 설교가 가능하면 청소년들이 흥미 있게 들을 수 있도록 구성되어야 한다는 점에 동의한다. 그러나 이러한 흥미성만이 청소년 설교 내용을 결정하는 본질적인 기준이 되어서는 안 된다. 아니, 이러한 흥미성은 다른 본질적인 내용, 즉 삼위일체 하나님의 뜻과 같은 좀더 본질적인 내용의 부차적인 요소가 되어야 한다. 왜냐하면 설교는 하나님의 말씀으로서, 만일 하나님께서 청소년들에게 말씀하신다면 그것은 재미있는 내용이든지 재미없는 내용이든지 상관없이 반드시 들어야만 하는 것이기 때문이다.

4) 도용된 내용

마지막으로 청소년 설교의 내용적인 문제점을 한 가지만 더 든다면, 설교의 내용이 도용(盜用)되고 있다는 점이다.

---

117) 한국 교회 설교자들의 설교 도용에 대한 좀더 자세한 내용은 김금용, "한국 교회의 설교 도용에 대한 한 연구", 〈기독교 사회 윤리〉 제14집(2007년 12월), 127-145를 보라.

필자가 "한국 교회의 설교 도용에 대한 한 연구"에서 이미 밝힌 것처럼, 오늘날 상당히 많은 한국 교회의 설교자들은 도용의 길을 걷고 있는 것처럼 보인다.[117] 그런데 이것은 청소년 설교 영역에서도 마찬가지로 나타나고 있는 현상인 것처럼 보인다. 왜냐하면 이미 출판된 상당히 많은 설교집들이 이러한 사실을 스스로 증거하고 있기 때문이다. 예를 들어 보자.

한 가지만 예를 들면, 《설교에 기둥을 세워라》라는 제목의 설교집이 있다. 이 설교집은 간략하게 서술된 '설교에 대한 이해'와 더불어 52개의 요약된 설교를 제시한다. 그런데 이 책을 자세히 살펴보면, 이 책은 설교의 도용자들을 위해서 작성된 것처럼 보인다.

왜냐하면 이 책은 다음 두 가지 면에서 스스로 도용자들을 위해서 구성되었음을 암시하고 있기 때문이다. 첫째, 이 책은 부제를 "교회학교 교사를 위한 요약설교 자료집"이라고 제시한다. 그런데 이 말은 스스로 설교 도용자들을 위하여 작성되었음을 시인하는 말이다. 왜냐하면 부제가 표현한 '교회학교 교사'는 거의 설교학을 배우지 못했기에 통상적으로 다른 사람의 설교를 도용할 수밖에 없는 사람들이기 때문이다.

둘째, 책의 저자가 머리말에서 밝힌 다음의 내용을 통해서 알 수 있다. 권율복은 말한다.

> 설교학적 이론이나 내용상으로 본다면 부끄럽기 그지없으나 어린이나 청소년 설교자들에게 조금이나마 보탬이 되었으면 하는 마음으로 우

---

118) 권율복, 《설교에 기둥을 세워라》(서울: 도서출판 줄과 추, 1998), 11.

선 1년간 사용할 수 있는 분량만 엮었다.[118]

즉 저자는 설교를 어떻게 작성해야 할지 잘 모르는 교회학교 교사들의 도용을 전제로 1년 분량의 설교를 제공하고 있는 것이다.

그렇다면 청소년 설교 내용은 이처럼 도용된 내용으로 구성되어도 되는 것일까? 그것은 아닌 것처럼 보인다. 왜냐하면 필자가 이미 언급한 논문에서 밝힌 것처럼, 도용된 내용은 윤리적으로는 설교자가 갖추어야 할 정직성에 위배될 뿐만 아니라 이미 기독교에서 말하는 설교와도 상당한 거리가 있기 때문이다.[119]

3. 설교 내용을 위한 세 가지 기준

그렇다면 위에서 제시된 다양한 청소년 설교 내용의 문제점들을 극복할 수 있는 방법은 없을까? 아마도 학자들마다 청소년 설교를 바라보는 관점에 따라서 다양한 방법들을 제시할 수 있을 것이다. 하지만 여기서는 필자가 생각하기에 청소년 설교 내용의 문제들을 해결하기 위하여 꼭 필요한 것처럼 보이는 세 가지 기준만을 제시한다. 그 세 가지는 무엇인가?

---

119) 이것에 대한 좀 더 자세한 내용은 김금용, "한국 교회의 설교 도용에 대한 한 연구", 〈기독교 사회 윤리〉 제14집(2007년 12월), 139-145를 보라.

1) 성경적인 내용

청소년 설교자들이 설교 내용을 구성할 때 고려해야 할 첫 번째 기준은, 그 내용이 성경적인 것이어야 한다는 점이다. 즉 청소년 설교 내용의 모든 메시지들이 모두 성경으로부터 와야 한다는 말이다. 다시 말하면 내용이 아무리 바르고 훌륭하다고 할지라도 성경에 없거나 성경에 근거하지 않는 것은 청소년 설교 내용으로서 적합하지 못하다는 것이다.

예를 들면, 권율복의 "충성할 줄 아는 사람"처럼, 성경에 근거하지 않는 내용[120]은 청소년 설교 내용으로서 적합하지 않다. 왜냐하면 설교가 비록 인간인 설교자에 의해서 말해질지라도 하나님의 말씀이 되기 위해서는 그것이 철저히 하나님의 말씀인 성경에 의존해야 하기 때문이다.[121] 즉 하나님의 말씀인 성경에 근거하지 않는 설교는 하나님의 말씀이 아니라 인간인 설교자에 의하여 선포되는 인간의 말이기 때문이다. 그래서 "모든 참된 설교자들은 성경을 하나님의

---

120) 권율복의 "충성할 줄 아는 사람"이라는 설교는 본문 말씀을 요한계시록 2장 10절로 한다. 그리고 '충성이란 무엇인가?', '무엇에 충성해야 하는가?', '충성하는 자에 대한 하나님의 약속은?'이라는 세 개의 대지로 구성되어 있다. 그런데 여기서 두 번째 대지인 '무엇에 충성해야 하는가?'는 성경적인 근거가 제시되어 있으나, 첫 번째 대지인 '충성이란 무엇인가?'와 세 번째 대지인 '충성하는 자에 대한 하나님의 약속은?'은 아무런 성경적인 근거가 제시되어 있지 않다. 이것들은 내용은 건전해 보이나 성경적인 근거가 없기에 설교자의 자의적인 주장처럼 보인다. 좀더 자세한 내용은 권율복, 《설교에 기둥을 세워라》(서울: 도서출판 줄과추, 1998), 114-115를 보라.
121) 호남신학대학교 편, 《성서란 무엇인가?》(서울: 한국장로교출판사, 2005), 275-276.
122) Haddon Robinson and Craig Brian Larson, ed., The Art and Craft of Biblical Preaching(《성경적인 설교와 설교자》, 전의우 외 역, 서울: 두란노서원, 2006), 33.

진리를 배우고 전파해야 하는 것의 원천으로 인식하고 있다."[122]

그렇다면 성경을 근거로 제시하는 모든 청소년 설교는 하나님의 말씀인가? 그것은 아닌 것처럼 보인다. 왜냐하면 예를 들어 필자가 이미 지적한 대로, 성경의 단편적인 내용만을 근거로 하는 설교는 하나님의 말씀이라고 하기에는 상당한 문제점들을 내포하고 있기 때문이다.[123] 또 성경을 근거로 설교할지라도 설교자가 한두 가지 성경 해석 방법론만을 의지할 경우 하나님의 뜻을 온전히 드러내지 못하고, 부분적이거나 왜곡된 결과를 낳을 수도 있기 때문이다.[124]

그렇다면 청소년 설교자들은 성경을 하나님의 뜻대로 바르게 전하기 위하여 어떻게 해야 할까? 설교자들은 관점에 따라서 여러 가지를 고려할 수 있겠으나 최소한 다음 두 가지 입장을 견지해야 할 것처럼 보인다. 그 두 가지는 무엇인가?

첫째, 청소년 설교자들은 신구약 성경을 골고루 전해야 한다.

신약은 중시하지만 구약은 무시하는 설교자가 되어서는 안 된다는 말이다. 성경의 다른 부분은 무시하거나 무관심하고, 자신이 좋아하는 특정 부분만을 고집해서는 안 된다는 것이다. 오직 신구약

---

123) 김금용, "통독 설교: 새로운 대안으로서의 통독 설교", 〈신학이해〉 제29집(2005년 8월), 189-191.

124) 왜냐하면 강성열이 잘 정리하고 있는 대로, 각각의 성경 해석 방법론들은 각각 다른 해석 방법론들이 보지 못하는 부분을 명확하게 해석하기도 하지만, 역시 각각 약점들을 내포하고 있기 때문이다. 예를 들면 "역사 비평적인 해석은 성서 본문의 전 역사를 재구성하고 그에 기초하여 본문의 역사적인 의미-또는 저자의 의도-를 찾는 데 몰두함으로써, 성서가 하나님의 말씀으로서 당시의 신앙 공동체에게 주는 신학적인 의미나 신앙적인 교훈을 충분히 전달하지 못한다는 한계를 보인다." 이러한 사실에 대한 좀 더 자세한 내용은 강성열, 《구약성서로 읽는 지혜 예언 묵시》(서울: 한들출판사, 2004), 226-238을 보라.

성경 66권이 하나도 소외되지 않도록 말씀을 구성하여 전해야 한다. 왜냐하면 성경 66권은 어떤 것도 예외 없이 하나님의 감동으로 된 것으로,[125] 모두 우리 청소년들에게 선포되어야 할 하나님의 말씀이기 때문이다.

그러나 불행하게도 조병호에 따르면, 한국 교회는 지금까지 성경을 전체적으로 읽지 못하고 부분적으로 읽어온 것처럼 보인다. 식민지 시절에는 주로 출애굽기와 요한계시록을 읽었고, 남북 분단 이후에는 '보수'와 '진보'로 나뉘어 '보수' 진영에서는 사도행전과 서신서를, 그리고 '진보' 진영에서는 아모스와 같은 구약의 예언서들을 많이 읽어온 것처럼 보인다.[126]

한국 교회의 성경에 대한 이러한 편향적인 태도는 설교자들에게서도 마찬가지로 나타나고 있는 것처럼 보인다. 그래서 강성열은 오늘날 한국 교회 설교자들의 설교 본문 선택에 있어서의 편향된 현실을 지적하며 다음과 같이 말한다.

> 그런데 현실은 그렇지 않다. 그 예로 구약성경보다는 신약성경이 훨씬 많이(70~90%) 설교 본문으로 선택되고 있다는 것을 우리는 어떻게 설명해야 할까?……설교 본문의 편향적인 사용은 결국 목회자들 스스로 정경의 범위를 축소시킨 게 아닌가 하는 의심을 불러일으킨다.[127]

---

125) Stanley J. Grenz, *Theology for the Community of God*(Carlisle: The Paternoster Press, 1994), 518.
126) 조병호, 《성경 통독 이렇게 하라》(서울: 땅에쓰신글씨, 2004), 16-17.
127) 강성열, "성경 통독, 편향적 성경 읽기 극복의 대안", 〈숲과나무〉(2005년 3월), 10-11.

즉 강성열은 설교자들의 설교 본문에 대한 이러한 편향적인 태도는 설교자의 정경 축소 의식과도 연결될 수 있음을 지적한다. 다시 말하여, 설교자들은 설교 본문을 편향적으로 선택함으로써 자신도 모르게 정경을 축소하고 있다는 것이다.

하지만 이것은 개혁교회 전통에 서 있는 설교자라면 누구도 의도한 결과가 아닐 것이다. 왜냐하면 어거스틴(Augustine)처럼 성경 저자들에 대한 하나님의 영감 방법을 구체적으로 고민하지는 않았을지라도,[128] 그들은 모두 교부들(the fathers)처럼 전 성경이 하나님의 감동으로 영감되었음(inspired)을 인정하고[129] 믿고 있을 것이기 때문이다. 즉 모든 성경은 누가 뭐라 하여도 어떤 부분도 예외 없이 하나님에 의하여 영감된 하나님의 말씀인 것이다. 그러므로 청소년 설교자들은 설교 내용을 구성할 때 신구약성경 전체를 예외 없이 골고루 전해야 할 것처럼 보인다.

둘째, 청소년 설교자들은 성경의 내용을 통전적(通全的)으로 선포해야 한다는 점이다.

다시 말하면, 청소년 설교 내용 중 성경 각 부분에 대한 해석과 적용은 성경 전체와 일맥상통하도록 구성되어야 한다는 것이다. 이것은 앞에서 언급한 것처럼 모든 성경을 골고루 전하는 것만으로는 충분하지 않다는 말이다. 성경의 모든 부분을 소외됨 없이 골고루 전하되, 그 내용은 각각 성경 전체의 뜻과 일치해야 한다는 뜻이다.

---

128) J.N.D. Kelly, *Early Christian Doctrines*(London: A & C Black, 1993), 64.
129) *Ibid.*, 61.
130) Wayne Grudem, *Systematic Theology: An Introduction to Biblical Doctrine*(Leicester: Inter-Varsity Press, 1994), 73.

앞에서 예로 든 "억지로 하자"라는 제목의 설교처럼, 설교 내용이 본문으로 선택된 성경의 부분적인 내용과는 일치하는 것처럼 보이지만, 성경 전체의 내용과는 맞지 않는 것은 청소년 설교 내용으로서 적합하지 않다는 말이다. 왜냐하면 "성경에 있는 모든 말들은 하나님의 말씀인데,"[130] 하나님은 "불가분의 한 실재(one indivisible essence)"[131]이시기 때문이다. 그리고 한 분 하나님에 의하여 영감된 성경의 모든 말들은 결국 한 분 하나님의 말씀으로 서로 일맥상통할 수밖에 없기 때문이다.

그러므로 청소년 설교자들은 청소년 설교의 내용을 구성할 때 자신의 설교가 성경 전체의 내용과 일맥상통하는지 항상 점검해 볼 필요가 있다.

2) 삼위일체적 내용

그렇다면 청소년 설교자들이 성경적인 내용만으로 설교의 내용을 구성한다면 오늘날 한국 교회 청소년 설교가 직면한 내용적인 제 문제들은 해결될 수 있는 것일까? 그것은 아닌 것처럼 보인다. 왜냐하면 오늘날 한국 교회에는 비록 내용적으로는 성경적인 설교인 것처럼 보이지만, 설교의 내용이 삼위(Person) 중 지나치게 한두 위격으로 치우침으로써, 설교가 기독교의 삼위일체 하나님의 말씀이라기보다 왜곡된(distorted) 하나님의 말씀처럼 보이는 것들이 있

---

131) Louis Berkhof, *Systematic Theology*(Edinburgh: The Banner of Truth Trust, 1994), 87.
132) 권율복, *op. cit.*, 18.

기 때문이다.

예를 들면, 권율복은 설교를 지나치게 아들(God the Son) 중심적으로 생각한다. 그래서 그는 '성경적인 설교의 특징'을 말하면서, 설교가 성경적인 설교가 되기 위해서는 "예수 그리스도 중심적이어야 한다"[132]고 주장한다. 그리고 그가 제시한 실제 설교의 예들도 아들 중심적으로 제시한다.[133] 물론 우리는 권율복의 주장처럼, 아들이 설교의 중심적인 내용이 되어야 함을 인정한다.

그러나 아들의 말씀이나 아들에 관한 말씀만으로는 청소년 설교 내용이 충분하지 못한 것처럼 보인다. 왜냐하면 교회는 지난 2천 년 동안 기독교의 하나님을 예수 그리스도만으로 고백하지 않고 삼위일체 하나님으로 고백해 왔기 때문이다.[134] 다시 말하면, 교회는 지금까지 하나님을 삼위일체 하나님으로 믿고 고백해 왔기 때문에, 하나님의 말씀인 청소년 설교 역시 아들(God the Son)뿐만 아니라 아버지(God the Father)와 성령(God the Holy Spirit)의 말씀이 되도록, 즉 삼위일체적으로 구성하여야 하는 것이다.

그렇다면 청소년 설교 내용이 삼위일체적으로 구성되어야 한다는 것은 어떤 의미일까? 이것은 최소한 다음 네 가지를 의미한다.

---

133) 예를 들면, 그는 1년을 52주로 나누어 매주의 설교를 제시하고 있는데, 3월은 전체 내용이 예수님에 대한 내용이다. 그리고 다른 주들에 제시된 설교들도 많은 것들이 아들과 직접적으로 관련된 내용들이다. 그러나 그는 아버지(God the Father)와 성령(God the Holy Spirit)에 대해서는 크게 언급하지 않는다.
134) 예를 들면, 아타나시우스 신조(the Athanasian Creed)는 다음과 같이 고백한다. "교회의 신앙은 이것이다. 곧 우리는 인격들을 혼동하는 것도 아니요 본질을 나누는 것도 아닌 삼위일체이신 한 분 하나님, 단일체이신 삼위일체 하나님을 예배한다. 왜냐하면 아버지(the Father)의 한 인격이 있고, 아들(the Son)의 다른 인격이 있고, 또 성령(the Holy Spirit)의 다른 인격이 있기 때문이다."

첫째, 아버지 하나님의 말씀이 청소년 설교의 내용이 되어야 한다는 말이다.

즉 아버지 하나님을 높이거나 아버지 하나님의 뜻과 사역을 전하는 내용이 청소년 설교의 내용이 되어야 한다는 뜻이다. 예를 들면, 하이델베르크 요리 문답(the Heidelberg Catechism)이 말하고 있는 것처럼, 성부 하나님은 우리의 창조와 관계되시기[135] 때문에, 청소년 설교자들은 성부 하나님의 뜻을 따라서 창조 세계의 보전과 관련된 내용을 청소년 설교 내용으로 담아내야 한다.

둘째, 예수 그리스도의 말씀이 청소년 설교의 내용이 되어야 한다는 의미이다.

즉 예수 그리스도께서 친히 말씀하신 내용이나 예수 그리스도의 삶과 관련된 내용이 설교의 내용이 되어야 한다는 말이다. 예를 들면, 청소년 설교자들은 예수 그리스도의 탄생과 고난, 부활 등등 예수께서 이 땅에서 친히 말씀하신 내용이나 삶으로 보여주신 것들을 설교의 내용으로 담아내야 한다.

셋째, 성령 하나님의 말씀이 설교의 내용이 되어야 한다는 뜻이다.

즉 성령 하나님을 높이거나 성령 하나님의 사역과 뜻을 전하는 내용이 청소년 설교의 내용이 되어야 한다는 말이다. 예를 들면, 우리가 몰트만(Jürgen Moltmann)이 말하는 대로 성화(sanctification)를 성령의 사역(work)[136]으로 인정할 수 있다면, 우리는 성화에 관련된

---

135) Mark A. Noll, ed., *Confessions and Catechisms of the Reformation* (Leicester: APOLLOS, 1992), 141.
136) Jürgen Moltmann, *The Trinity and the Kingdom of God*, translated by Margaret Kohl(London: SCM Press Ltd., 1993), 98.

내용을 청소년 설교의 주된 내용으로 삼아야 한다.

넷째, 삼위일체 하나님의 말씀이 청소년 설교의 내용이 되어야 한다는 말이다.

특별히 여기서 기억해야 할 사실은, 위에서 삼위로 각각 구별되신 하나님은 신성(Godhead)에 있어서 근본적으로 단일체(unity)를 이루는 한 실체(substantia)[137]이시기에, 설교자들은 청소년 설교의 내용을 근본적으로 한 분 하나님의 말씀이 되도록 구성해야 한다는 점이다. 예를 들면, 필자가 "구원으로 인도하는 설교"라는 글에서 밝힌 것처럼, 청소년 설교자가 예수 그리스도의 구원 사역을 설교한다면 그것은 아버지의 창조와 성령의 성화와의 긴밀한 연결 속에서 선포되어야 한다.[138]

3) 청소년의 눈높이에 맞는 내용

그렇다면 청소년 설교자들이 성경적인 내용과 삼위일체적인 내용을 설교의 내용으로 구성한다면 오늘날 한국 교회 청소년 설교가 직면한 제문제들은 해결되는 것일까? 아마도 청소년 설교자들은 청소년 설교의 내용을 구성할 때 다음 한 가지를 더 고려해야 할 것처럼 보인다. 그렇다면 그것은 무엇일까?

그것은 바로 구성된 내용이 청소년의 눈높이에 맞아야 한다는

---

137) Alister E. McGrath, *Christian Theology: An Introduction*, second ed. (Oxford: Blackwell Publishers, 1997), 295.
138) 이것에 대한 좀더 자세한 내용은 호남신학대학교 편,《구원이란 무엇인가?》(서울: 한국장로교출판사, 2002), 219-222를 보라.

점이다. 앞에서 우리는 한국 교회 청소년 설교자들의 내용상의 세 번째 문제점이 '흥미 위주의 내용'임을 알았다. 즉 청소년 설교 내용이 지나치게 흥미 위주로만 구성되어 왔다는 것이다. 물론 설교 내용이 다른 기준들은 철저히 무시되고 단지 흥미 위주로만 구성되었다면 큰 문제이다.

하지만 그럼에도 불구하고, 설교자들이 설교 내용을 구성할 때 청소년들의 흥미나 눈높이를 고려해야만 하는 것 역시 사실이다. 왜냐하면 청소년 설교는 다른 모든 설교와 마찬가지로 커뮤니케이션[38]의 일종이며, 설교자가 청소년들과 성공적인 커뮤니케이션을 나누기 위해서는 반드시 설교자의 커뮤니케이션 대상인 청소년의 눈높이를 고려해야만 하기 때문이다. 청소년들의 눈높이를 고려하지 않은 내용은 그 내용이 아무리 성경적이고 훌륭하다고 할지라도 청소년들에게 바르게 전달될 수 없다.

그렇다면 왜 청소년 설교자들은 설교 내용을 구성할 때, 청소년들과의 커뮤니케이션을 생각하며 그들의 눈높이를 고려해야만 하는 것일까?

그것은 내용이 아무리 귀한 하나님의 생명의 말씀일지라도 청소년들의 눈높이에 맞지 않으면 청소년들이 이해할 수도, 수용할 수도 없기 때문이다. 샤논(Claude E. Shannon)과 위버(Warren Weaver)에

---

139) 커뮤니케이션으로서의 설교에 대해서는 Myron R. Chartier, *Preaching As Communication: An Interpersonal Perspective*(Nashville: The Parthenon Press, 1981); Merrill R. Abbey, *Communication in Pulpit and Parish* (Philadelphia: The Westminster Press, 1973) 등을 참고하라.
140) Merrill R. Abbey, *Communication in Pulpit and Parish*(Philadelphia: The Westminster Press, 1973), 28.

따르면, 커뮤니케이션 과정에서 메시지는 전달자(transmitter)에 의하여 기호화(encoding)될 뿐 아니라, 수신자(receiver)에 의해 해독화(decoding)되어야만 한다.[140] 모든 메시지는 전달자에 의하여 기호화의 과정을 거치고, 수신자에 의하여 해독화의 과정을 밟는 것이다.

그런데 여기서 메시지가 수신자에 의하여 해독화될 수 없도록 전달자에 의해 기호화된다면, 그 메시지는 수신자에게 바르게 전달되거나 해독될 수 없게 된다. 그런데 청소년 설교에서 수신자는 청소년들이다. 그러므로 청소년 설교자들은 메시지의 수신자인 청소년들이 잘 해독하여 받아들일 수 있도록 청소년들의 눈높이를 고려하여 설교의 메시지를 구성하고 기호화해야 하는 것이다.

그렇다면 설교자들이 설교 내용을 청소년들의 눈높이에 맞춘다는 것은 구체적으로 어떻게 하는 것일까?

이것에 대한 대답은 학자들의 입장에 따라서 다양한 대답들이 가능하겠지만, 여기서는 카네기(Dale Carnegie)가 말하기에 있어서 청중과의 강한 일치감을 수립하기 위하여 적절하게 제안한 몇 가지 원칙들[141]을 청소년 설교에 적용해 보는 것으로 제한한다. 그렇다면 그것들은 무엇인가?

첫째, 청소년들이 흥미 있어 하는 용어들을 사용하는 것이다. 둘째, 청소년들에게 정직하고 진실한 존중감(appreciation)을 주는 것이다. 셋째, 설교자가 청소년들과 자신을 동일시하는 것이다. 넷째, 청소년들을 설교의 파트너로 삼는 것이다. 다섯째, 설교자 자신을

---

141) 이것들에 대한 자세한 내용은 Dale Carnegie, *The Quick and Easy Way to Effective Speaking*(New York: Association Press, 1964), 97-114를 보라.

낮추는 것이다.

다시 말하면, 청소년 설교자들은 설교 내용을 청소년들의 눈높이에 맞추기 위하여 최소한 위에서 제시한 다섯 가지 원칙들을 생각하며 청소년 설교 내용을 구성해야 한다.

4. 나가는 말

지금까지 우리는 한국 교회 청소년 설교의 내용적인 문제점들을 진단해 보고 그 대안을 모색해 보았다. 그리고 오늘날 한국 교회 청소년 설교에는 내용적으로 최소한 네 가지 문제점들이 있음을 알았다. 즉 청소년 설교자들이 특별한 기준 없이 설교 내용을 전개하고 있으며, 설교를 자기 주장의 장(場)으로 생각하는 사람도 있으며, 설교 내용을 흥미 위주로만 구성하는 설교자도 있음을 알았다. 그리고 심지어 도용된 내용을 설교하는 설교자도 있음을 알았다.

이러한 문제점들을 극복하기 위해서는 최소한 성경적인 내용이나 삼위일체적인 내용, 그리고 청소년의 눈높이에 맞는 내용이라는 분명한 기준이 필요하다. 다시 말해, 청소년 설교자들은 설교 내용을 준비할 때 본문 말씀을, 성경적으로, 즉 편향적이지 아니하고 골고루, 그러나 통전적으로 해석함으로써, 또 하나님의 말씀이 삼위일체적으로, 즉 삼위(Three Person)의 말씀이 동등하게, 그러나 일체적으로 선포되도록 함으로써, 그리고 설교 내용을 청소년들이 해독할 수 있도록 청소년들의 눈높이에 맞추어 기호화함으로써, 특별한 기준 없이 즉흥적으로 본문을 선택함으로 걸을 수 있는 편향된 길이나 설교자의 자기 주장의 오류는 물론 흥미 위주의 내용이나 무분별한 도용의 유혹까지도 극복할 수 있음을 알았다.

그러므로 이제 한국 교회 청소년 설교자들은 앞에서 논의된 내용들을 기억하며, 좀더 바람직한 청소년 설교를 향하여 나아가야 할 것이다. 청소년 설교를 설교자 개인의 자기 주장으로 생각하거나, 본문을 일정한 기준 없이 즉흥적으로 선택함으로써 야기해 온 혼돈의 길을 버리고, 좀더 성경적인 설교의 길로 나아가야 할 것이다.

성경 66권을 골고루, 그러나 통전적으로 선포함으로써 삼위일체 하나님의 뜻을 바르게 전해야 할 것이다. 또 오늘날 질풍노도처럼 밀려오는 설교 도용의 유혹이나 흥미 본위의 길을 버리고, 청소년들이 해독할 수 있도록 청소년들의 눈높이는 분명하게 고려하되, 오직 말씀의 주인이신 삼위일체 하나님의 뜻을 따라서 말씀의 내용을 삼위일체적으로 준비하여 전해야 할 것이다.

그렇다면, 이제 청소년 설교자들은 위에서 언급된 내용들을 청소년들에게 어떤 형태로 전해야 할까? 다음 장에서는 청소년 설교의 형태에 대하여 살펴보겠다.

제4장
청소년 설교의 형태[142]

오늘날 한국 교회의 많은 청소년 설교자들은 청소년 설교 구조에 대한 분명한 이해 없이 설교의 현장으로 나서고 있는 것처럼 보인다. 이러한 현실은 시중에서 유통되는 청소년 설교집들이나 청소년 설교 관련 서적들을 통하여 쉽게 이해될 수 있다.

그러나 청소년 설교 형태에 대한 분명한 인식 없이 좋은 청소년 설교자가 될 수는 없다.

그러므로 본 장은 오늘의 한국 교회의 청소년 설교자들에게 청소년 설교 구조에 대한 분명한 인식을 제공함을 목적으로 한다. 다시 말해, 오늘의 청소년 설교 현실에 포괄적으로 적용될 수 있는 하나의 청소년 설교 형태를 논하고, 이를 위한 기본 구성 요소 여섯 가지를 제시한다. 즉 어떤 설교자도 청소년 설교 형태를 위해서 잊지 말아야 할 서론, 메시지, 본문, 해석, 적용, 그리고 결론의 기본 구성 요소를 갖춘 하나의 설교 형태를 말한다.

---

[142] 이 글은 〈신학이해〉 제31집에 수록된 본인의 글을 수정, 보완한 것이다.

1. 들어가는 말

청소년 설교는 어떻게 해야 할까? 특별히 어떤 형태로 하는 것이 가장 이상적인 것일까? 그러나 여기에 대한 답을 찾는 것은 쉬운 일이 아닌 것처럼 보인다. 왜냐하면 우리는 설교학자들의 청소년 설교에 대한 무관심으로 이것에 대한 분명하고 설득력 있는 답을 찾기가 쉽지 않기 때문이다.

물론 우리는 오늘날 기독교 서점들에서 수없이 많은 청소년 설교 자료나 청소년 설교집들을 발견하고, 그것들로부터 어떤 청소년 설교 형태들을 추론해 볼 수 있다. 그러나 그것들은 대부분 어떤 이론적인 배경이 없는 단순한 설교집들이며, 이론이 곁들여진 경우에도 그 이론이 논리적인 설득력이 없거나 상당한 문제점들을 내포하고 있는 경우가 대부분인 것처럼 보인다. 예를 들어 보자.

우리는 김홍영의 《어린이 시각 설교집》으로부터 하나의 설교 형태를 추론해 볼 수 있다. 즉, 간단히 주제와 관계된 서론을 언급하고, 성경의 이야기를 몇 부분으로 나누어 그림 자료와 함께 재미있게 묘사하고, 결론으로 교훈적인 내용을 덧붙이는 것이다. 물론 김홍영의 이러한 설교 형태는 부분적으로 어느 정도 긍정적인 면이 있어 보인다. 왜냐하면 어린이들의 이해를 돕기 위하여 일반적으로 내용 전달에 있어서 단어들보다 더 효과적인 시각 자료[143]를 사용하였고, 또 설교의 구조를 분명하게 서론, 본론 그리고 결론으로 구분

---

143) Carolyn C. Brown, *You Can Preach to the Kids Too!*(Nashville: Abingdon Press, 1997), 80.

하고 있기 때문이다.

그러나 실제 설교를 설교학적으로 분석해 보면 문제점들이 드러난다. 그중의 한 가지만 언급해 보면, 하나님의 메시지가 선포되어야 할 본론에 메시지가 잘 드러나지 않는다는 점이다. 예를 들면, 첫 번째 설교 "처음부터 시작하자"가 있다. 이 설교는 본문이 창세기 16장 8-10절이며, 서론은 새해 이야기로 시작된다. 새해가 되었으니 다시 시작하는 마음으로 새롭게 살자는 것이다.

그리고 본론으로 네 부분이 나오는데, 첫째는 하갈이라는 여자가 어떤 여자인지를 말한다. 둘째는 하갈이 아브람의 사랑을 받게 되는 이야기를 그림 자료와 함께 재미있게 묘사한다. 셋째는 아이를 갖게 된 하갈이 교만해지는 이야기를 서술한다. 그리고 넷째는 어리석은 행동으로 집을 나갔던 하갈이 주인집으로 다시 돌아온다는 이야기다. 그리고 간단한 적용적인 내용의 결론이 덧붙여진다.[144]

그런데 여기서 본론으로 제시된 네 부분의 성경 이야기는, 단순한 성경 내용을 그림과 함께 좀더 재미있게 각색했다는 것 외에는 어떤 직접적인 메시지도 언급되지 않는다. 설교가 하나님의 말씀이라면, 하나님의 말씀으로서의 핵심적인 내용이 주로 다루어져야 할 본론에서 하나님이 성경을 통하여 말씀하시는 메시지가 나타나야 하는데, "처음부터 시작하자"라는 설교에는 하나님의 이러한 메시지가 없다.

김홍영의 이러한 불안정한 설교 구조는 그가 제시한 설교론을 분석해 보면 더 분명히 이해될 수 있다. 그는 그의 설교론에서 다음

---

144) 김홍영, 《어린이 시각 설교집》(서울: 백합출판사, 1994), 13-16.

과 같이 말한다.

> 오늘날 주일학교의 강단은 날로 약해지고 있다. 그 이유는 교사가 설교에 대해 바로 인식을 갖지 못한 채 설교를 한다든지, 혹 준비 없는 무성의한 설교 때문에······이에 교사의 과제는 말씀의 무장과 설교의 전문화이다. 즉 교사는 전문적 설교자로서 노력을 게을리 하지 말아야 할 것이다.[145]

그는 여기서 설교에 준비가 필요함을 인정하고, 현실적으로 교사들이 설교에 대하여 바른 인식을 갖지 못하고 있음을 잘 지적한다. 그러나 과연 교사가 전문적인 설교자가 되어야 하고, 또 현실적으로 교사가 전문적인 설교자가 되기 위한 충분한 준비를 할 수 있을까?

그것은 아닌 것처럼 보인다. 왜냐하면 청소년 설교는 본래 설교를 위하여 안수받은 목사에 의해서 행해져야 하기 때문이다.[146] 그리고 바람직한 청소년 설교 사역을 위해서는 청소년 설교 정의를 위하여 필요한 열한 가지의 도표(signpost)[147]를 깊이 있게 이해해야 하는데, 이것은 전문 사역자인 목회자가 아닌 자신의 직업을 가진 평신도 사역자인 교사가 감당하기에는 현실적으로 불가능한 일인 것처럼 보이기 때문이다.

---

145) *Ibid.*, 7.
146) 김금용, "청소년 설교의 한 정의", 〈신학이해〉 25집(2003년 5월), 275-277.
147) *Ibid.*, 269-283.

결국 김홍영의 위의 설교 구조는 충분한 설교학적인 이해나 근거 없이 제시된 불안정한 형태인 것처럼 보인다.

또 다른 예를 하나 더 들어 보자. 신정의의 《16가지 어린이 설교법》이란 책이 있다. 이 책은 그동안 어린이 전문 사역자로서 여러 권의 어린이 설교집을 낸 바 있는 그가 그동안의 사역과 경험을 바탕으로 어린이 설교에 대한 이론을 정리하고, 더불어서 16가지의 어린이 설교 형태를 제시한 것이다. 이 책은 어린이 설교에 대한 이론적인 근거들이 빈약한 오늘의 한국 교회의 현실에 어린이 설교 이론은 물론 다양한 어린이 설교 형태를 제시하고 있어서, 어린이 설교자들에게 큰 위안이 될 것처럼 보인다.

그러나 이 책의 내용을 자세히 살펴보면 역시 여러 가지 문제점들이 발견된다. 예를 들면, 어린이 설교를 위한 거의 모든 내용들이 근거가 희박하거나 아예 근거 없이 주장된다.

예를 들어 보자. "설교자의 생활"이란 항목이 있다. 여기서 저자는 설교자에게 세 가지, 즉 기도 생활, 모범적인 생활, 휴식이 필요하다고 주장한다.[148] 그러나 어린이 설교자가 왜 기도가 필요하고, 모범적인 생활이 필요하고, 또 휴식이 필요한 것인지에 대해서는 아무런 논리적인 근거나 설명이 없다. 단지 "설교 준비를 위하여 휴식이 필요하다"[149]처럼, 무리(無理)하고 일방적인 주장이 있을 뿐이다.

신정의의 이러한 무리한 주장은 그가 제시한 설교의 형태들을 보면 더욱 분명히 드러난다. 예를 들면, 그는 앞에서 언급한 책에서

---

148) 신정의, 《16가지 어린이 설교법》(서울: 한국어린이교육선교회, 1992), 12-13.
149) Ibid., 13.

첫 번째 어린이 설교 형태로 찬송 설교를 말한다. 그리고 그는 이 찬송 설교에 대한 이야기의 첫 머리에서 자신이 《어린이 찬송 시청각 설교》란 책도 저술했음을 밝힌다. 그리고 찬송 설교에 대하여 다음과 같이 말한다.

> 찬송 설교란 복음의 요소가 풍부하고 은혜가 넘치며 어린이들이 좋아하는 찬송가나 복음 성가를 택하여, 거기에 맞는 성경을 본문으로 정하고 절수를 대지로 하여 설교를 만들어 사용하는 것이다.[150]

여기서 그는 찬송 설교가 설교로 가능한 것인지, 그 근거는 무엇인지, 장단점은 무엇인지 등등의 이론적인 근거는 전혀 언급하지 않는다. 그리고 단지 찬송 설교를 서술적으로만 정의하고, 바로 이어서 찬송 설교를 어떻게 하는지만 간단히 언급한다. 그렇다면 그가 주장하는 찬송 설교는 과연 어린이 설교로서 가능한 것일까?

물론 우리는 어거스틴(Augustine of Hippo)이 말하는 대로, 하나님을 찬양하는 노래인 찬송[151]이 설교 가운데 등장할 수 있음을 인정한다. 그러나 그것은 신정의의 주장대로 찬송의 각 절이 설교의 핵심 내용인 대지로서 등장하는 것이 아니라 하나님의 기록된 유일한 말씀인 성경을 통하여 말씀하시는 하나님의 메시지를 회중에게 더 효과적으로 전달하기 위하여 등장하는 것이다. 왜냐하면 찬송은 하

---

150) Ibid., 43.
151) Augustine, *Ennarrationes in psalmos* 72:1. Andrew Wilson-Dickson, *A Brief History of Christian Music*(Oxford: Lion Publishing plc, 1997), 36 에서 재인용.

나님의 말씀이 아니라 하나님의 말씀에 대한 인간의 반응의 한 표현이기 때문이다.

만일 우리가 신정의의 주장대로 찬송의 각 절을 대지로 하여 설교를 작성하고 그것을 하나님의 말씀으로 인정한다면, 인간의 모든 생각이나 작품 역시 하나님의 말씀으로 인정해야 하고, 결국 하나님의 말씀과 인간의 말의 경계는 모호해질 것이다. 결론적으로 우리는 신정의의 확실한 논리적인 근거 없는 어린이 설교 형태들이 그다지 설득력이 없음을 발견하게 된다.

그렇다면 우리는 청소년 설교를 어떤 형태로 전개해야 할까? 어떤 형태가 청소년 설교를 위하여 가장 이상적인 형태일까? 물론 우리는 각각 다른 설교자가 각각 다른 설교 내용을 각각 다른 청소년들에게 전함에 있어서, 모두가 수용할 수 있는 하나의 완전한 설교 형태를 말할 수는 없다. 그러나 그럼에도 불구하고 우리는 하나님의 말씀을 오늘의 청소년들에게 효과적으로 전달하기 위하여 가능한 한 합리적으로 보이는 하나의 설교 형태를 추론해 볼 수 있다.

그러므로 본 장의 목적은 가능한 한 오늘날의 청소년들에게 포괄적으로 적용될 수 있는 하나의 합리적인 설교 형태를 정립해 보는 것이다. 그리고 우리는 이 목적을 달성하기 위하여 다음과 같은 과정을 밟는다.

먼저, 설교의 일반적인 분류 방법과 형태들을 살펴본다. 왜냐하면 비록 이것들이 직접적으로는 청소년 설교를 위하여 개발된 방법들은 아닐지라도, 우리는 설교의 대상이 청소년이라는 사실 외에는

---

152) 김금용, *op. cit.*, 270-283.

일반적인 설교와 크게 다를 바 없는 청소년 설교[152]를 위하여, 기존의 발전된 설교 형태들로부터 여러 가지 유익한 면들을 취할 수 있기 때문이다.

둘째, 앞에서 살펴본 기존의 설교 형태들을 근거로 하여 바람직한 청소년 설교 형태를 생각해 보고, 이것을 위해서 고려해야 할 여섯 가지 기본적인 구성 요소들을 살펴본다. 왜냐하면 이상적인 청소년 설교 형태는 유동적인 것처럼 보이지만, 이 여섯 가지는 청소년 설교 형태가 어떤 형태이든지 반드시 내포하고 있어야 할 것처럼 보이기 때문이다.

그리고 마지막으로 앞에서 논의된 내용들을 근거로 하여 청소년 설교의 기본 구조를 제시하고, 실제 설교의 한 예를 덧붙인다.

2. 설교의 분류와 형태

그럼 먼저 설교의 형태들을 살펴보자. 설교의 형태를 분류하는 방법에는 여러 가지가 있다. 예를 들면, 한국 교회 설교학자들이 공동으로 펴낸 《설교학 사전》은 설교의 형태를 어떤 특별한 분류 기준 없이 병렬식으로 나열한다. 즉, 설교의 형태를 위하여 46개의 항목을 제시하고, 그중에서 30개를 실제적인 설교 형태 소개에 할애한다.[153] 여기서 30개의 설교 형태들은 어떤 분류 기준 없이 그저 하나하나가 병렬식으로 소개된다. 그러나 이러한 단순한 병렬식 분류

---

153) 정장복 외, 《설교학 사전》(서울: 예배와 설교아카데미, 2004), 747-851.

는 좀더 세분화하여 비슷한 종류끼리 묶을 필요가 있어 보인다. 왜냐하면 나열된 설교 형태들 중 일부는 서로 겹치는 부분들이 있어서 독자들에게 혼란을 야기할 수 있기 때문이다.[154]

또 다른 책 《34가지 방법으로 설교에 도전하라》[155]를 보면, 모두 34개의 설교 형태들을 네 가지 유형으로 분류하여 제시한다. 이러한 형태 분류는 설교의 다양한 형태들을 네 가지로 정리하여 일목요연하게 보여줌으로써, 앞의 《설교학 사전》이 보여준 단순한 나열식 방법의 약점을 극복하고 있는 것처럼 보인다. 그러나 이 방법 역시 이 책의 편집자가 스스로 언급하고 있는 것처럼 분류 방법이 다분히 임의적이며, 몇몇 카테고리가 서로 겹치고 있는 것[156]처럼 보인다.

그렇다면 좀더 바람직한 분류 방법은 없을까?

우리는 완전하지는 않지만 정장복의 《한국 교회의 설교학 개론》에서 그 가능성을 발견하게 된다. 정장복은 여기서 지금까지 제시되어 온 다양한 설교 형태들을 크게 두 가지로 나누어 정리한다. 첫째는 설교를 기본 유형에 따라 분류하는 것이다. 그리고 둘째는 설교를 전개 형태에 따라서 구분하는 것이다.[157]

---

154) 예를 들면, 본문 설교와 분석 설교는 서로 같은 형태를 취할 수 있다. 왜냐하면 똑같은 본문을 중심으로 설교할 때 본문 설교라고 말하고, 같은 본문을 논리적인 형태, 즉 주제를 정의하고, 주제의 동기를 밝히고, 주제의 실천 방안을 제시하고, 주제의 실천 결과를 제시하면 분석 설교라고 말하기 때문이다.
155) 이 책은 본래 "Patterns of Preaching"이라는 제목으로 로널드 앨런에 의해 편집되었다. 여기서 Christian Theological Seminary의 설교학 교수인 로널드 앨런은 34가지의 설교 형태를 각각 다른 설교자들의 실제 설교와 더불어 간략하게 소개한다.
156) Ronald J. Allen, *Patterns of Preaching*(《34가지 방법으로 설교에 도전하라》, 허정갑 역, 서울: 예배와 설교아카데미, 2004), 22.
157) 정장복, 《한국 교회의 설교학 개론》(서울: 예배와 설교아카데미, 2001), 158.

정장복의 이러한 분류 방법은 비록 그 분류 기준에 대한 충분한 설명은 없으나 합리적인 것처럼 보인다. 왜냐하면 앞에서 로널드 알렌(Ronald J. Allen)이 분류했던 것처럼, 내용과 형태 그리고 역사적인 측면을 모두 고려함[158]으로 서로 중복되거나 야기될 수 있는 혼란을 피하고, 단지 본문(text)과 주제(topic)와의 관련성 속에서 기본 유형을 구분하고, 설교가 실제로 어떤 형태로 전개되는지에만 관심을 기울이고 있기 때문이다.

그렇다면 정장복의 분류 방법에 따르면 설교에는 구체적으로 어떤 형태들이 있을까? 먼저 우리는 설교를 기본 유형에 따라서, 즉 설교의 본문과 주제가 어떤 관계인가에 따라서, 다음과 같이 네 가지 형태로 나누어 볼 수 있다.

첫째, 본문 설교(textual sermon)이다.

이 설교는 3-4절 정도의 길지 않은 본문을 중심으로 그 본문을 심도 있게 접근하는 설교이다. 그래서 설교의 모든 주제가 깊이 있게 분석된 본문으로부터 나오며, 어떤 핵심적인 내용도 주어진 본문을 벗어나지 않는다.

둘째, 주제 설교(topical sermon)이다.

이 설교는 삶의 현장에서 발견된 주제를 중심으로 설교를 전개한다. 그래서 본문 설교나 강해 설교와 달리 이 설교는 본문의 선택보다 회중의 삶의 정황을 먼저 살피며, 또 그곳으로부터 주제를 도

---

[158] 로널드 알렌은 34가지 설교 형태를 전통적 유형, 현대적 유형, 주제적 유형, 신학적 유형 등 네 가지로 분류한다. 여기서 주제적 유형과 신학적 유형은 설교의 내용적인 측면을 고려한 구분처럼 보이며, 전통적 유형과 현대적 유형은 설교의 형태를 역사적인 맥락에서 바라보고 있는 것처럼 보인다.

출하여, 이에 맞는 본문을 선택한다. 그러므로 때때로 이런 유형의 설교자들은 본문을 벗어난 비성경적인 길을 걷기도 한다.

셋째, 강해 설교(expository sermon)이다.

엄밀한 의미에서 모든 설교는 강해 설교가 되어야 한다. 왜냐하면 기록된 하나님의 말씀인 성경을 떠난 설교는 진정한 기독교 설교가 될 수 없기 때문이다.[159] 그러나 여기서 강해 설교를 다른 설교와 구별하여 말한다면, 강해 설교란 다른 유형보다 많은 분량의 본문을 순차적으로 선택하여 강해를 중심으로 설교를 전개해 가는 형태이다.[160]

넷째, 통독 설교(tongdok sermon)이다. 이 설교는 성경을 전체적인 시각에서 통전(通全)적으로 또 삼위일체적으로 설교하려는 형태로, 다른 설교와 달리 보통 본문이 구약과 복음서 그리고 복음서 외의 신약 등 세 개가 선택되어, 이 세 개의 본문이 하나의 주제를 통전적으로 전하도록 구성되는 설교 형태이다.[61]

이상 기본 유형에 따라 분류되는 설교 형태들 외에 설교를 전개 형태에 따라 분류하면 다음과 같은 것들이 있다.

첫째, 대지 설교이다.

이 설교는 설교자가 설교자의 편의에 따라서 설교의 주제나 본

---

159) 이것에 대한 좀더 자세한 설명은 호남신학대학교 편, 《성서란 무엇인가?》(서울: 한국장로교출판사, 2005), 270-288을 보라.
160) 주제 설교, 본문 설교, 강해 설교에 대한 좀 더 자세한 설명은 정장복, 《한국 교회의 설교학 개론》(서울: 예배와 설교아카데미, 2001), 158-166을 보라.
161) 통독 설교에 대한 좀 더 자세한 설명은 김금용, "통독 설교: 새로운 대안으로서의 통독 설교", 〈신학이해〉 29집 (2005년 8월), 185-210을 보라.

문을 3~4개의 대지(major points)로 나누어 설교를 전개해 나가는 형태이다. 그래서 이 설교는 먼저 본문이나 주제로부터 3~4개의 대지를 선택하고, 이어서 각 대지마다 해석과 더불어 적용을 덧붙인다.

둘째, 분석 설교이다.

이 설교는 설교의 주제를 주로 인간의 이성에 호소하여 합리적으로 전개해 나가는 형태이다. 그래서 서론 후에는 주제가 무엇인가를 분명히 밝혀 주는 '주제의 정의'(what)가 오고, 이어서 회중에게 주제에 대한 관심을 불러일으키는 '주제의 필요성'(why)이 오고, 그 후에는 주제를 어떻게 실천해 나갈 것인가를 밝히는 '주제의 실천 방안'(how)이 오고, 이어서 그런 주제적 삶을 살 때 주시는 하나님의 복을 밝혀 주는 '주제의 실천 결과'(what then)와 결론이 온다.

셋째, 서사 설교이다.

이 설교는 설교의 내용을 이야기 형태를 빌려서 전개하는 형태이다. 이 설교는 다시 설교의 내용과 전개 형태에 따라서 '설화체 설교'(narrative sermon)와 '이야기체 설교'(storytelling sermon)로 나뉜다. 여기서 설화체 설교란 이야기의 전개를 모순을 제기하는 단계로 시작하여, 갈등을 심화시키고, 그 후에 문제 해결의 실마리를 제공하고, 마지막으로 회중으로 하여금 복음을 경험하게 하고 결론으로 나아가는 일정한 구성(plot)적 형태를 가진 설교 형태를 말한다. 또 이야기체 설교는 설화체 설교의 틀에 박힌 구성적 성격과 달리, 유연하게 성경의 내용을 인물이나 사건 중심으로 재구성하여 회중에게 한 장의 그림을 보여주듯이 전개해 나가는 설교이다.

넷째, 상관 설교이다.

이 설교는 강해 설교에서 흔히 볼 수 있는 형태로서, 본문의 진리를 강해하고 그 진리를 오늘의 현장에 바로 적용시키는 형태이다. 즉, 먼저 본문 말씀에 대한 강해를 시도하고, 이어서 곧바로 그 강해된 말씀을 회중의 삶의 현장에 적용시키는 설교 형태이다.

다섯째, 인물 설교이다.

이 설교는 설교자가 본문에 등장하는 인물의 삶을 통하여 하나님이 주시는 메시지를 찾는 형태이다.

여섯째, 예화 설교이다.

이 설교는 한 편의 설교를 여러 개의 예화를 엮어서 전개하는 형태이다. 그러므로 이 설교는 본문에 대한 충실한 해석보다는 설교자가 선택한 예화들에 의존한다. 따라서 이러한 유형의 설교자들의 설교는 하나님의 말씀이라기보다 인간의 말이 될 가능성이 높다.

일곱째, 내화 설교이다.

이 설교는 설교의 내용이나 메시지를 대화 형식을 빌려서 전개하는 형태이다. 설교자는 회중과의 직접적인 대화의 형태를 취하든지 아니면 설교자 이외에 회중을 대표하는 또 다른 사람을 세워서 그와 대화하는 형태를 취하든지, 대화하는 형식을 빌려서 설교를 전개한다.[162]

이외에도 우리는 설교의 역사 속에서 여러 가지 다른 형태로 전개되는 설교들을 발견할 수 있다.[163] 그러나 여기서는 지면 관계상

---

162) 위에서 언급된 설교 종류들에 대한 좀 더 자세한 내용은 정장복, 《한국 교회의 설교학 개론》(서울: 예배와 설교 아카데미, 2001), 167-200을 보라.
163) 이외의 다양한 설교 형태들은 Ronald J. Allen, *Patterns of Preaching*(《34가지 방법으로 설교에 도전하라》, 허정갑 역, 서울: 예배와 설교 아카데미, 2004)와 정장복 외, 《설교학 사전》(서울: 예배와 설교 아카데미, 2004) 등을 참고하라.

그 모든 것들을 자세히 살펴볼 수 없다.

그러므로 이제 위의 설교 형태들을 기초로 하여 청소년들을 위한 바람직한 설교 형태를 생각해 본다.

3. 바람직한 청소년 설교 형태

그렇다면 청소년들을 위한 설교 형태는 어떤 것이 가장 바람직할까? 물론 우리는 다양한 눈높이의 청소년들의 욕구를 충족시키면서, 동시에 청소년 설교가 하나님의 말씀으로서의 바람직한 설교의 모습을 갖추도록 하기 위하여 하나의 고정된 틀을 고집할 수는 없다. 왜냐하면 하나의 고정된 틀로서는 필연적으로 요청되는 청소년 설교의 다양한 요구 사항을 충족시키기가 쉽지 않기 때문이다.

그러므로 여기서는 하나의 고정된 틀보다는 약간은 열린 형태와 그 열린 형태를 지탱해 주는 기본적인 구성 요소 여섯 가지만을 제시한다.

1) 청소년 설교를 위한 한 형태

그럼 먼저 청소년 설교의 형태를 생각해 보자. 앞에서 우리는 다양한 설교 형태들을 살펴보았다. 그러나 앞의 설교 형태들을 청소년 설교에도 똑같이 적용하기에는 다소 어려움이 있어 보인다. 왜냐하면 위에서 언급된 형태들은 대체적으로 어느 정도 설교를 듣고 이해할 수 있는 지식과 경험을 갖춘, 또 긴 시간을 집중하여 들을 수 있는 성인들을 대상으로 구상되었기 때문이다.

그렇다면 청소년 설교를 위해서는 어떤 형태가 적당할까?

아마도 상관 설교나 분석 설교, 또는 3~4개의 대지를 가진 대지 설교보다는 대화 설교나 서사 설교적인 요소를 가미한 1대지 설교, 또는 부분적인 분석 설교가 적당한 것처럼 보인다.

그럼 왜 대화 설교나 서사 설교적인 요소를 가미한 1대지 설교나 부분적인 분석 설교가 적당한 것일까? 여기에는 다음과 같은 이유가 있다.

첫째, 대화 설교적인 방법이 청소년들에게 설교 내용에 대한 커뮤니케이션의 효과를 증진시킬 수 있을 것처럼 보이기 때문이다.

우리가 잘 아는 대로 커뮤니케이션은 설교의 기본 도구이며,[164] 설교가 커뮤니케이션 되지 않는다면 그 설교는 실패한 설교일 수밖에 없다. 그리고 다양한 커뮤니케이션 방법들 중에서 입을 통하여 소통되는 언어를 사용하는 구두(verbal) 커뮤니케이션이 설교의 기본적인 커뮤니케이션 방법인 것이 사실이다.

그런데 이러한 구두 커뮤니케이션에 있어서 설교자들은 보통 일방적인 소통을 시도한다. 그러나 이러한 일방적인 커뮤니케이션의 시도만으로는 설교를 듣는 회중의 이해력을 높이기가 쉽지 않다. 특별히 설교의 대상이 설교자와 쉽게 공감대를 형성할 수 있는 장년 세대가 아니라 분명하게 세대 차이가 나는 청소년이라면 소통은

---

164) Myron R. Chartier, *Preaching As Communication: An Interpersonal Perspective*(Nashville: Abingdon, 1981), 11.

더더욱 쉽지 않다.

그러므로 청소년 설교자들은 설교의 대상인 청소년들과의 소통성(rapport)을 증진시켜 성공적인 커뮤니케이션을 이룩하기 위하여 일방적인 커뮤니케이션보다 소통성이 높은 양방적인 커뮤니케이션을 시도해야 하며, 그 구체적인 방법으로 대화 설교의 대화적인 방법을 고려해 볼 필요가 있다. 왜냐하면 말하는 사람이 일방적으로 말하는 것이 아니라 듣는 사람에게 질문하고 또 대답하게 하는 대화적인 방법[165]은, 설교를 듣는 청소년을 설교에 직접 참여하게 만들 뿐만 아니라 설교의 소통성을 증진시켜 줄 것이 분명하기 때문이다.

둘째, 서사 설교적인 방법은 청소년들의 마음을 사로잡고, 쉽게 흥미를 유발시킬 수 있기 때문이다.

우리가 잘 아는 대로, 서사 설교가 사용하는 기본 도구는 이야기이다. 그런데 이 이야기에는 "우리의 마음을 사로잡고, 그 이야기가 끝날 때까지 숨쉬는 것조차 잊어버리게 하는 자연스럽게 매혹시키는 어떤 것"[166]이 있다. 특별히 청소년들은 아기였을 때 어머니가 들려 주시던 동화를 시작으로, 여러 가지 지식을 이야기를 통하여 습득해 왔다. 그러기에 이야기는 청소년들에게 상당히 친숙하고 영향력 있는 커뮤니케이션 방편이다. 그러므로 청소년 설교자들은 설교의 내용을 전개함에 있어서 이야기식 방법론을 깊이 고려해 볼 필

---

165) Dorothy Carnegie, *Effective Speaking*(New York: Association Press, 1962), 108.
166) Eugene L. Lowry, *The Homiletical Plot: The Sermon As Narrative Art Form*(《이야기식 설교 구성》, 이연길 역, 서울: 한국장로교출판사, 1996), 23.

요가 있다.

셋째, 대지 설교의 1대지나 분석 설교의 일부분만이 집중력이 약한 청소년들에게 용이하게 전달될 수 있기 때문이다.

보통 설교자들은 한 편의 설교에 많은 내용을 담기를 원한다. 그래서 대지 설교도 보통 3~4개의 메시지를 포함시키며, 분석 설교도 비록 한 가지 주제를 다루나 그 주제를 다양한 각도에서 총체적으로 조명하려고 한다. 물론 설교를 듣는 회중이 성인들처럼 집중력이 뛰어난 경우라면 가능한 한 많은 메시지를 전달하는 것도 나쁘지 않을 것이다. 하지만 청소년들은 성인들에 비하여 집중력이 매우 약하다.

예를 들면 7~9세의 유년부 어린이의 경우 보통 집중 시간은 10~15분 정도라고 한다.[167] 이처럼 짧은 집중력을 가진 어린 청소년들에게 서론을 시작으로 주제를 부상시키고, 주제를 논리적으로 정의하고(what), 주제에 대한 관심을 불러일으키고(why), 주제의 실천 방법을 제시하고(how), 주제의 실천 결과를 제시하고(what then), 마지막으로 결론을 덧붙이는 것은 쉬운 일이 아니다.

그러기에 한 편의 설교에 기억할 수 없는 여러 가지 메시지를 전하기보다, 비록 한 가지일지라도 아이들이 오래도록 기억할 수 있도록 전하는 것이 현명한 것처럼 보인다. 즉 대지 설교의 3~4개의 대지나 분석 설교의 'What, Why, How, What Then' 이 아니라 그 중 하나만을 선택하여 잘 전하고, 나머지는 또 다른 시간에 전하는 것이다.

---

167) 양승헌,《어린이 설교 클리닉》(서울: 도서출판 디모데, 2001), 48.

넷째, 대지 설교의 1대지나 분석 설교의 일부분만으로도 설교의 기본 요건을 충족시킬 수 있기 때문이다.

앞에서 우리는 청소년들의 집중력을 이야기했다. 그리고 집중력이 약하기 때문에 가능한 한 청소년 설교는 길지 않아야 한다고 말했다. 물론 위의 주장은 설득력이 있다. 그러나 이와 더불어 한 가지 더 고려해야 할 점은, 비록 청소년 설교가 짧을지라도 설교로서의 기본 면모는 갖추어야 한다는 것이다. 설교가 아무리 짧을지라도 그것이 설교가 되기 위해서는 성경 말씀에 근거한 분명한 하나님의 메시지가 있어야 하고, 그 메시지에 대한 충분한 해석이 있어야 하며, 그 메시지에 대한 구체적인 적용이 있어야 한다.

왜냐하면 설교는 하나님의 말씀이며,[168] 하나님의 말씀으로서의 설교는 기록된 하나님의 말씀인 성경(the Bible)에 철저히 근거해야 하기 때문이다.[169] 그런데 대지 설교의 대지나 분석 설교의 각 부분은 각각 그들만의 개별적인 메시지를 가지며, 그 메시지는 보통 선택된 본문과 그 해석에 근거한다. 뿐만 아니라 보통 그 메시지에 대한 구체적인 적용을 동반한다. 그러므로 이들 각각은 분리되어 하나의 짧은 설교로 독립될 수 있다. 다시 말하여, 1대지나 분석 설교의 일부분만으로도 하나의 설교로서의 충분조건을 갖출 수 있는 것이다.

결론적으로 우리는 대화 설교나 서사 설교적인 요소를 가미한 1대지 설교 또는 부분적인 분석 설교가 오늘날의 청소년 설교를 위

---

168) 김금용, op. cit., 271.
169) 왜 설교가 성경에 근거해야 하는지에 대한 좀더 자세한 설명은 호남신학대학교 편, 《성서란 무엇인가?》(서울: 한국장로교출판사, 2005), 270-288을 보라.

한 한 형태가 될 수 있음을 알 수 있다.

2) 바람직한 청소년 설교 구성을 위한 기본 요소

그렇다면 위에서 언급된 청소년 설교는 구체적으로 어떤 형태를 갖추어야 할까? 그러나 여기서 모든 가능한 형태들을 논하는 것은 지면 관계상 쉬운 일이 아니다. 그러므로 여기서는 모든 청소년 설교 형태가 갖추어야 할 여섯 가지 기본 요소만을 살펴본다. 그 여섯 가지 기본 요소는 무엇인가?

(1) 메시지

설교자가 청소년 설교 형태를 고려할 때 첫 번째로 생각해야 할 섬은 '메시지'이다.

즉 모든 설교 형태 속에는 설교자가 하나님으로부터 받은 말씀인 분명한 메시지가 있어야 한다는 점이다. 물론 여기서 메시지는 성경 말씀을 통해서 오며, 설교의 대상인 청소년들과 깊은 관련이 있어야 한다.

그러나 중요한 점은, 그것이 어디로부터 왔든지 그 메시지는 살아 계신 하나님으로부터 온 생명력 있는 말씀이 되어야 한다는 점이다. 즉 역동성이 있어야 하며, 설교자 자신뿐만 아니라 설교를 듣는 청소년들을 변화시키는 능력이 있어야 한다. 왜냐하면 설교는

---

170) 하나님의 영원성에 대한 좀 더 자세한 내용은 Wayne Grudem, *Systematic Theology: An Introduction to Biblical Doctrine*(Leicester: Inter-Varsity Press, 1994), 168-173을 보라.

하나님의 말씀이며, 하나님은 어제나 오늘이나 영원토록[170] 역동적으로 활동하며 섭리[171]하시는 하나님이시기 때문이다.

설교자는 바로 이 메시지를 성경을 통하여 하나님으로부터 받아야 하며, 또 어떤 메시지를 받았느냐에 따라서 설교의 형태가 달라지게 된다. 예를 들면, 동등한 두 개의 메시지를 받은 경우와 받은 메시지가 두 개이나 하나가 다른 하나의 메시지에 종속되는 경우에는 그 형태가 달라질 수 있다. 어쨌든 청소년 설교자는 설교를 구성하기 위하여 하나님으로부터 메시지를 받아야 하며, 그것은 설교의 형태 중에 분명히 표기되어야 한다.

(2) 본문 말씀

청소년 설교자가 설교 형태를 위하여 두 번째로 고려해야 할 점은 '본문 말씀'이다.

즉 설교자는 앞에서 언급된 메시지가 신구약성경의 어떤 본문으로부터 나왔는지를 본문 말씀을 통하여 보여주어야 한다. 물론 여기서 본문 말씀이 제시되는 형태는 "여기 1절에 하나님의 말씀이 있습니다"처럼 직접적으로 표현될 수도 있고, 서사 설교 형태에서 자주 나타나는 것처럼 본문의 해석된 내용과 더불어 간접적으로 표현될 수도 있다.

그러나 표현되는 형태가 어떠하든지 분명한 것은 살아 계신 하나님의 말씀의 근거인 성경 본문이 제시되어야 한다는 점이다. 왜냐하

---

171) 하나님의 섭리에 대한 좀 더 구체적인 내용은 바로 위에서 언급된 Wayne Grudem의 책, 315-352를 보라.

면 정확한 본문 제시를 통하여, 설교자는 설교의 주요 메시지가 자신의 생각이나 말이 아니라 기록된 하나님의 말씀을 통하여 오는 정확한 하나님의 말씀이라는 사실을 보여줄 수 있기 때문이다.

오늘날 우리는 성경 말씀과 관계없이 전개되는 설교들을 쉽게 만난다. 이것은 엄밀히 말하면 설교자의 종교 강연이나 개인 철학의 토로(吐露)일 수는 있으나, 하나님의 말씀인 설교는 아니다. 왜냐하면 성경만을 하나님의 말씀이라고 불렀던 종교개혁자들[172]의 말처럼, 우리가 하나님으로부터 특별 계시에 관한 지식을 얻기 위해서는 성경만을 의존해야 하며,[173] 우리는 오늘날 성경을 통해서만 정확히 하나님의 말씀을 인식할 수 있기 때문이다.

(3) 해석

설교자가 청소년 설교 형태를 생각하며 고려해야 할 세 번째는 해석이다.

즉 설교자는 자신이 하나님으로부터 받은 메시지가 어떻게 제시된 본문 말씀으로부터 나왔는지를 해석을 통하여 논리 정연하게 보여주어야 한다. 물론 여기서 설교자는 본문의 성격에 따라서 다양한 해석 방법을 선택할 수 있다.[174] 그러나 해석 방법이 무엇이든지 설교자는 '성서 본문이 기록될 당시에 본래 무엇을 의미했는지를 찾아내는 일련의 과정'인 석의(exegesis)와 '본문의 말씀이 오늘의

---

172) 황승룡, 《신학 서론》(서울: 한국장로교출판사, 2003), 256.
173) Ibid., 260.
174) 성경 해석 방법에 대해서는 강성렬, 오덕호, 정기철, 《설교자를 위한 성서 해석학 입문》(서울: 대한기독교서회, 2002); 정장복 외, 《설교학 사전》(서울: 예배와 설교 아카데미, 2004), 99-179를 보라.

역사 속에서 무엇을 말하려고 하는지를 찾아내는 과정'인 주해 (exposition) 과정을 거쳐야 한다.

그리고 이러한 해석 과정을 통해서 발견된 사실들을 바탕으로 앞에서 제시된 메시지가 성경을 통해서 나왔음을 분명하게 보여주어야 한다. 설교자는 특별히 여기서 자신이 회중인 청소년들보다 본문을 신학적으로나 영적으로 더 넓고 깊게 이해하고 있음을 보여줌으로써, 하나님의 말씀의 전달자로서의 설교자의 권위를 보여주어야 한다.

그러나 오늘날 한국 교회의 많은 청소년 설교자들은 설교에 대한 기초 지식의 부족과 태만으로 인하여, 제시된 본문 말씀에 대한 정확한 해석 없이 설교를 행하는 것처럼 보인다. 즉 지극히 주관적이거나 피상적인 해석과 예화만을 의지하여 말씀을 선포하고 있는 것처럼 보인다. 하지만 이처럼 본문 말씀에 대한 정확한 해석 없이 전개되는 청소년 설교는 진정한 하나님의 말씀이라고 할 수 없다. 그러므로 청소년 설교자들은 설교 형태를 생각할 때, 메시지가 기록된 하나님의 말씀인 본문 말씀으로부터 나왔음을 보여주는 해석을 반드시 포함시켜야 한다.

(4) 적용

청소년 설교자가 설교 형태를 고려할 때 잊지 말아야 할 또 한 가지는 적용이다.

즉, 설교자는 적용적인 부분을 통해서, 이미 충분히 해석되고 설득된 메시지가 청소년들의 삶과 구체적으로 어떤 관계가 있는지를 보여주어야 하는 것이다. 다시 말해, 설교자는 적용을 통하여 하나님의 계시된 진리인 메시지가 청소년의 개인적인 삶이나 교회적이고 사회적인 삶과 구체적으로 어떻게 관련되어 있는지를 보여주어야 한다.

오늘날 우리는 때때로 성경에 대한 강의와 설교를 구분하지 못하는 설교자들을 만난다. 그러나 설교와 성경 강의는 분명히 다르다.

> 강의는 한 가지 주제를 가지고 시작하여, 그것이 관계하려는 바는 이 특정한 주제에 관련된 지식과 정보를 주는 것이다.[175]

그러나 설교는 이것보다 확실하게 한 걸음 더 나아간다. 즉 성경 강의처럼 주어진 본문에 대하여 충분히 연구하고 해석하나, 여기서 한 걸음 더 나아가 그 해석된 내용을 회중의 삶에 구체적으로 적용한다. 왜냐하면 존 스토트가 말한 대로, 설교자의 임무는 하나님의 계시된 진리가 성경으로부터 오늘날의 사람들의 삶 속으로 흘러 들어가도록 하는 것이기 때문이다.[176]

결국 설교자들은 청소년 설교를 준비할 때, 주어진 메시지가 청소년의 삶에 구체적으로 어떻게 적용될 수 있는가를 보여주어야 한다. 다시 말하여 청소년 설교 형태 속에는 메시지의 적용적인 요소가 분명하게 반영되어야 하는 것이다.

---

175) Martyn Lloyd-Jones, *Preaching and Preachers*(London: Hodder & Stoughton, 1971), 71.
176) John Stott, *I Believe in Preaching*(London: Hodder & Stoughton, 1982), 138.

(5) 결론

설교자가 청소년 설교를 구성할 때 주의해야 할 또 다른 중요한 요소는 결론이다.

왜냐하면 결론은 설교의 마지막 부분으로, 설교의 가장 큰 기회와 가장 큰 위험이 공존하는 중요한 순간이기 때문이다.[177] 그러므로 청소년 설교자들은 설교의 형태를 구성할 때 반드시 결론을 포함시켜야 하며, 이때 결론은 확고하고 흐트러지지 말아야 한다.[178] 또한 통일성과 명료성 그리고 일관성이 있을 뿐만 아니라 개인적이요, 구체적이며, 긍정적이고, 강력한 것이어야 한다.[179]

그리고 이러한 중요한 결론을 구성함에 있어서 청소년 설교자가 잊지 말아야 할 사실은, 결론에는 반드시 본론에서 논의된 내용이 다시 한 번 어떤 형태로든지 요약되어야 하고, 또 이 요약된 내용은 어떤 형태로든 청소년들에게 다시 적용되어야 한다는 점이다.

결론적으로, 청소년 설교 형태 속에는 반드시 결론이 있어야 하고, 또 그 결론은 성경 말씀과 설교자를 통하여 하나님으로부터 주어진 영원한 진리인 메시지가 종합적이고 명료하게 청소년들의 온몸(the whole person)을 향하여 전달되는, 영원히 기억할 만한 가치가 있는 순간이 되어야 하는 것이다.

---

177) H.C. Brown, Jr., H. Gordon Clinard and Jesse J. Northcutt, *Steps to the Sermon: A Plan for Sermon Preparation*(《설교의 구성론》, 정장복 편역, 서울: 도서출판 엠마오, 1991), 167.
178) Richard G. Jones, *Groundwork of Worship & Preaching*(London: Edworth Press, 1993), 145.
179) H.C. Brown, Jr., H. Gordon Clinard and Jesse J. Northcutt, *op. cit.*, 168.

(6) 서론

마지막으로 설교자들이 청소년 설교 형태를 위해서 기억해야 할 부분은 서론이다.

물론 청소년 설교자들은 설교를 구상할 때 서론을 처음부터 생각할 수도 있고 또 마지막으로 생각할 수도 있다. 그러나 그것이 언제이든지 설교자들은 서론에 대단한 주의를 기울여야 한다. 왜냐하면 청소년들은 대체로 서론이 시작되는 몇 분 안에 그들이 설교 전체를 들을 것인지 말 것인지를 결정하기 때문이다. 그래서 데이비스(Henry Gravy Davis)가 지적하는 대로, 서론에서 회중의 '주의'(attention)와 '흥미'(interest)를 획득하는 것[180]은 대단히 중요하다.

청소년 설교자들은 서론을 흥미 있게 구성함으로써, 세상의 여러 가지 유혹 때문에 영적으로 방황하는 청소년들이 하나님의 말씀에 주의를 집중할 수 있도록 만들어야 하는 것이다.

이를 위해서 설교자들은 서론을 가능한 한, 청소년들이 그들의 삶의 경험의 일정한 부분들인 희망과 두려움들, 생각과 질문들을 표현하는 그들이 있는 곳에서 시작해야 하고,[181] 또 짧고, 적절하며, 분명하고, 다정하게(friendly)[182] 서술해야 한다. 그러나 대부분의 성인들을 위한 설교의 서론들과 마찬가지로 오직 한 가지 주제만으로

---

180) Henry Grady Davis, *Design for Preaching*(Philadelphia: Muhlenberg Press, 1958), 186.
181) Richard G. Jones, op. cit., 145.
182) Andrew Watterson Blackwood, *The Preparation of Sermon*(New York: Abingdon-Cokesbury Press, 1948), 110-112.
183) William Evans, *How to Prepare Sermons*(Chicago: Moody Press, 1964), 72.

잘 준비하여[183] 서술해야 한다.

그리고 설교자들은 청소년 설교의 서론으로 어떤 형태를 취하든지, 그것을 다른 대부분의 설교 형태들과 마찬가지로 '서론적인 접근'과 '주제 부상'으로 나누어 구상해야만 한다. 즉 청소년 설교자들은 '서론적인 접근'을 통해서 청소년들에게 설교에 대한 흥미를 불러일으키고, 또 '주제 부상'을 통하여 오늘 하나님께서 본문 말씀을 통해서 무엇을 말씀하시려고 하는지 분명하게 보여주어야 한다.

4. 청소년 설교의 실례

그렇다면 청소년 설교자들의 이해를 돕기 위하여 위에서 제시된 기본 요소들을 중심으로 하나의 설교 도표를 만들어 보면 어떻게 될까? 그리고 제시된 도표를 따라서 실제 설교를 작성해보면 어떻게 될까?

1) 도표로 본 청소년 설교의 기본 구조

청소년 설교의 기본 구조		
서론	본론	결론
서론적 접근 주제 부상	메시지 본문 말씀 해석 적용	요약 적용

위에서 제시된 기본 요소들을 기초로 하여 하나의 도표를 만들어 보면 다음과 같다.

즉, 청소년 설교는 기본적으로 서론, 본론, 결론의 형태로 구성되어야 하고, 이것을 좀더 세분하여 자세히 살펴보면, 서론은 '서론적인 접근'과 '주제 부상'으로, 또 본론은 '메시지'와 '본문 말씀' 제시 그리고 '해석'과 '적용' 부분으로, 결론은 '요약'과 '적용'으로 구성되어야 함을 알 수 있다.

즉, 모든 청소년 설교는 그 형태가 어떠하든지 위에서 제시된 기본 요소들을 포함해야 하고, 또 그 기본 요소들만으로 청소년 설교 형태를 구상해 본다면 위에서 제시한 도표와 같은 형태가 됨을 알 수 있다.

그렇다면 위에서 제시된 도표를 중심으로 한 편의 설교를 작성해 본다면, 실제 설교는 어떤 모습이 될까? 그러므로 이제 위의 도표를 기초로, 청소년 설교 중 초등학생들을 대상으로 하는 한 편의 설교를 제시한다.

2) 청소년 설교의 한 실례

주제: 하나님이 만드심
제목: 나는 누구일까요?
본문: 요한복음 1장 1-3절

서론적인 접근

어린이 여러분! 여러분이 가진 물건들 중에서 어떤 것이 가장 좋은 것이에요? 여러분의 신발 중에서 어떤 것이 가장 좋아요? 프로스펙스예요? 나이키예요? 아니면 필라인가요?

사람들은 보통 유명한 상표가 붙어 있으면 무조건 좋은 것이라고 생각해요. 유명한 회사에서 만들었으니, 품질이 좋을 것이라고 생각해요. 그래서 그런지 몰라도 정말 잘 들어 보지 못한 작은 회사 물건보다 더 튼튼하게 보이기도 하고, 예쁘게 보이기도 해요. 멋있어 보이기도 해요.

그래요. 보통 이름이 널리 알려진 유명한 회사에서는 물건을 만들 때 정성을 다해서 만들어요. 회사의 명예를 지키기 위해서 최선을 다해 만들어요. 튼튼하게 만들어요. 예쁘게 만들어요.

주제 부상

그렇다면 이 세상은 누가 만들었을까요? 우리, 사람은 누가 만들었을까요? 저 예쁜 꽃들은 누가 만들었을까요? 저절로 만들어졌을까요? 누군가 만든 분이 계실까요? 하나님께서 오늘 우리에게 주신 성경 말씀을 보면 누가 세상을 만들었는지 알 수 있어요. 그럼 누가 세상을 만들었을까요? 하나님은 오늘 성경 말씀을 통해서 누가 세상을 만들었는지 말씀하고 계세요.

메시지
하나님께서는 이 시간 우리에게 말씀하세요. 온 세상을 하나님께서 만드셨다고 말씀하세요.

본문 말씀
오늘 성경 말씀 3절에 우리 하나님의 말씀이 있어요.
"만물이 그로 말미암아 지은 바 되었으니."

해석
여기서 '그로 말미암아'의 '그'는 '하나님, 곧 아버지 하나님의 아들이신 예수님'을 말해요. 또 '지은 바 되었다'는 말은 '만들어졌다'는 뜻이에요. 그럼 '만물'은 무슨 말일까요? 그래요. '만물'은 세상에 있는 모든 것들을 말해요. 땅을 말하고, 바다를 말해요. 하늘을 말하고, 땅과 바다와 하늘에 있는 모든 것들을 말해요. 세상에 있는 모든 것들을 말해요.

다시 말하면, 하나님은 오늘 성경 말씀을 통해서 세상에 있는 모든 것들을 하나님께서 만드셨다고 말씀하고 계세요. 그래요. 하나님께서 온 세상을 만드셨어요. 세상 만물을 하나님께서 만드셨어요. 그래서 그런지, 이 세상 만물은 너무나 아름답고 좋은 것 같아요.

우리 한번 하나님께서 만드신 것들이 얼마나 좋을지 생각해 볼까요? 이 세상에 있는 것들을 보면, 크게 두 가지로 나눌 수 있어요.

첫째는 하나님께서 직접 만드신 것들이에요. 그리고 둘째는 하나님께서 만드신 것들을 재료로 하여 사람들이 만든 것들이에요.

그럼, 하나님께서 만드신 것이 더 좋을까요? 사람들이 만든 것이 더 좋을까요? 저 넓고 맑은 바다와 그 바다 속의 온갖 종류의 고기들은 하나님께서 만드셨어요. 그러나 집에 있는 수족관은 사람이 만들었어요. 어느 것이 더 좋아요? 그래요. 하나님께서 만드신 것이 훨씬 더 좋아요.

아름다운 빛을 내는 진짜 보석은 하나님께서 만드셨어요. 그러나 인조 보석은 사람이 만들었어요. 어느 것이 더 예쁘고 비쌀까요? 맞아요. 하나님께서 만드신 진짜 보석이 훨씬 비싸고 아름다워요.

무엇이든지 하나님께서 만드신 것이 훨씬 좋고 아름다워요. 하나님께서 만드신 산은 무척 높고 아름다워요. 하나님께서 만드신 바다는 무척 넓고 깊고 푸르러요. 하나님께서 만드신 꽃들과 새들은 무척 예쁘고 아름다워요.

적용

그럼, 어린이 여러분! 우리는 누가 만들었을까요? 맞아요. 하나님께서 만드셨어요. 여기 있는 목사님은 누가 만들었을까요? 맞아요. 하나님께서 만드셨어요. 저기 ○○는 누가 만들었을까요? 맞아요. 하나님께서 만드셨어요.

그럼, 하나님께서 만드신 우리는 어떤 사람일까요? 훌륭한 사람일까요? 아닐까요? 맞아요. 너무나 귀하고, 훌륭한 사람이에요. 왜냐하면 하나님께서 직접 만드셨기 때문이에요. 하나님께서 하나님의 명예와 이름을 높이기 위해서 정성을 다하여 만드셨기 때문이에요. 우리를 하나님의 형상, 곧 하나님의 모양대로 만드셨기 때문이에요(창 1:26). 우리 한 사람 한 사람을 세상에 하나밖에 없는 독창적인 멋진 사람으로 만드셨기 때문이에요.

그러기에 여러분 모두는 무척 귀하고 훌륭한 사람들이에요. 너무나 멋진 사람이에요. 앞으로 모두 훌륭한 사람들이 될 거예요.

어린이 여러분! 그러므로 우리는 이제 어떻게 살아야 할까요? 하나님께서 멋지게 만드신 우리는 어떻게 살아야 할까요? 그래요. 멋있게 살아야 해요. 힘있게 살아야 해요. 씩씩하게 살아야 해요. 자신 있게 살아야 해요.

나를 만드시고 이 세상에 태어나게 하신 하나님의 뜻대로 훌륭한 사람이 되기 위해서 열심히 노력해야 해요. 아름다운 사람, 멋있는 사람이 되기 위해서 열심히 노력해야 해요. 하나님께서 만드신 사람답게, 멋지고 훌륭한 사람이 되기 위해서 최선을 다해서 노력해야 해요.

요약

이제 말씀을 정리하겠어요. 오늘 하나님께서는 이 세상 모든 만물을 만들었다고 말씀하셨어요. 우리를 만들었다고 말씀하셨어요. 바로 나를 만들었다고 말씀하셨어요.

하나님께서 이 시간 성경 말씀을 통해서 다시 한 번 말씀하세요. "만물이 그로 말미암아 지은 바 되었으니."

적용

그래요. 만물은 하나님께서 만드셨어요. 이 세상에서 가장 훌륭하신 하나님이 우리를 정성을 다해서 만드셨어요. 최고로 만드셨어요. 그러므로 이제 우리는 하나님이 만드신 사람답게, 자신 있게 살아야 해요. 씩씩하게 살아야 해요. 열심히 공부해야 해요. 그래서 하나님께서 보시고 기뻐하시는 훌륭한 사람들이 되어야 해요.

5. 나가는 말

지금까지 우리는 오늘날의 다양한 설교 형태들과 더불어, 청소년들에게 포괄적으로 적용될 수 있는 설교 형태를 살펴보았다. 그리고 그것은 상관 설교나 분석 설교 또는 3~4개의 대지를 가진 대지 설교보다는 대화 설교나 서사 설교적인 요소를 가미한 1대지 설교 또는 부분적인 분석 설교가 적당함을 알았다.

그리고 이러한 설교는 기본적으로 서론과 본론, 결론으로 구성되어야 하며, 서론은 서론적인 접근과 주제 부상, 그리고 본론은 하나님으로부터 주어진 메시지와 그 메시지를 뒷받침해 주는 본문 말씀, 그리고 그 말씀에 대한 논리적인 해석과 청소년들에 대한 구체적인 적용이 필요함을 알았다. 또한 결론은 설교 전체 내용에 대한 요약과 마지막 적용으로 구성되어야 함을 알았다. 그리고 이것을 근거로 한 실제 설교의 예도 살펴보았다.

그러므로 이제 청소년 설교자들은 이러한 청소년 설교의 기본 구조를 인식하고, 확고한 설교 구조를 가진 청소년 설교를 선포해야 할 것이다. 청소년 설교 형태에 대한 불완전한 인식이나 다른 사람의 설교집의 무분별한 도용의 길을 버리고 청소년 설교에 대한 기본 구조를 이해함으로써, 바르고 확신에 찬 청소년 설교자의 길을 가야 할 것이다.

더불어서 비록 설교가 고정된 문학적인 형식을 가진 것은 아닐지라도,[184] 성서가 다양한 형태의 문학적 장르를 사용하는 것처럼, 하나님의 말씀의 인간적인 반향(echo)인[185] 청소년 설교 역시 끊임없이 변화하는 청소년들에게 내용을 효과적으로 전달하기 위하여 그들에게 맞는 일정한 형식을 필요로 하기에, 설교자들은 청소년들에게 맞는 청소년 설교 형태를 개발하기 위하여 지속적인 노력을 경주해야 한다.

설교자들은 일리언 T. 존스가 "효과적인 설교 스타일을 얻기 위하여 연구하라"[186]고 말한 것처럼, 더 합리적이고 설득력 있는 설교 형태를 개발하기 위하여 좀 더 많은 노력과 관심을 기울여야 할 것이다.

---

184) Lucien Deiss, *God's Word and God's People*, translated by Matthew J. O'Connell (Collegeville: The Liturgical Press, 1976), 295.
185) *Ibid*.
186) Ilion T. Jones, *Principles and Practice of Preaching*(New York: Abingdon Press, 1956), 179.

그렇다면, 청소년 설교자들은 지금까지 살펴본 청소년 설교를 이제 어떻게 작성해야 할까? 앞에서 정의된 청소년 설교의 내용과 형태를 이제 어떻게 작성해야 할까? 청소년 설교자들이 실제로 한 편의 설교를 작성한다면 어디서 시작해야 하고, 또 어떻게 마무리해야 할까? 그러므로 다음 장에서는 청소년 설교의 작성 방법을 살펴본다.

제5장
청소년 설교의 작성 방법[187]

 오늘날 상당히 많은 한국 교회의 청소년 설교자들은 설교를 스스로 작성하기보다는 도용의 길을 걷고 있는 것처럼 보인다. 또 이들 중 상당수의 사람들은 설교를 스스로 작성하려고 해도 적절한 작성 기준이나 체계화된 작성 방법의 부재로 인하여 어려움을 겪고 있다.

 그러므로 본 장에서는 이러한 청소년 설교자들을 돕기 위하여 하나의 청소년 설교 작성 방법을 제시한다. 즉 여섯 단계로 구성된 청소년 설교 작성 방법을 제시한다. 다시 말하면, 한 편의 청소년 설교가 작성되기 위해서는 최소한 설교자가 말씀을 담을 그릇으로서의 자신을 준비해야 하고, 또 하나님의 말씀의 근거인 본문 말씀이 선정되고 연구되어야 하며, 본문 선정 후에는 주된 메시지가 확정되어야 하고, 메시지가 확정된 후에는 그 메시지를 담아낼 설교 형태의 선정과 자료 배열이 있어야 하며, 그 후에는 설교 원고가 가

---

187) 이 글은 〈신학이해〉 제37집에 수록된 필자의 글을 수정, 보완한 것이다.

능한 한 철저히 작성되어야 한다. 그리고 마지막으로 원고가 작성된 후에는 설교자와 설교 원고가 하나 되는 성육화의 과정이 필요하다.

1. 들어가는 말

설교자들을 만날 때나, 설교에 대한 강의를 할 때 듣게 되는 질문들 중 가장 흔한 질문 하나는 "설교를 어떻게 작성해야 하는가?"이다. 설교를 준비하기는 해야겠는데 어디서 시작해서 어떻게 끝내야 할지 모르겠다는 것이다.

그러나 이러한 질문에 대하여 간단명료하게 대답하기란 쉬운 일이 아니다. 왜냐하면 한 편의 설교가 작성되어 완성되기까지에는 여러 가지 복잡한 과정이 요청되는데, 이것들을 간략하게 정리하여 말하기란 쉬운 일이 아니기 때문이다. 특별히 존 브로더스가 말한 대로, 한 목사의 과거의 연구와 모든 독서와 명상과 기도와 삶이 모든 설교의 토대(groundwork)와 상부 구조(superstructure)가 된다[188]고 볼 때, 설교 작성 방법을 누구나 동의할 수 있도록 간략하면서도 논

---

188) John A. Broadus, *On the Preparation and Delivery of Sermons*(New York: Harper & Row, Publishers, 1979), 238.
189) 설교의 작성 방법을 부분적으로 다루는 글들은 많다. 예를 들면, 정장복 교수는 그의 책 《한국 교회의 설교학 개론》(서울: 예배와 설교 아카데미, 2001) 제7장 '설교의 출발과 단계적인 발전'에서, '본문 선정'과 '해석 방법' 그리고 '적용'을 다룬다. 또 제8장 '과녁을 향한 메시지와 그 실상' 부문에서는 '설교의 목적 설정'에 대하여 다룬다. 그리고 제10장 '효과적인 설교의 서론과 결론'에서는 '서론'과 '결론'에 대하여 다룬다.

리적으로 분명하게 제시하기란 어려운 일이다.

그래서 그런지 설교 작성 방법에 대한 연구 내용을 찾기란 쉬운 일이 아니다. 특별히 설교 작성 방법에 대한 부분적인 내용[189]이 아니라 전체적인 모습을 한눈에 보여주는 연구를 찾기란 어려운 일이다. 더군다나 그 연구의 대상이 청소년들을 위한 설교의 작성 방법이라면 그것은 더더욱 어려운 일이다.

그러나 오늘도 한국 교회의 많은 설교자들은 회중을 향하여 말씀을 들고 나아가고 있고, 또 그들 중 일부는 청소년들을 향하여 말씀을 전한다. 그리고 그들은 청소년들을 위하여 설교를 준비할 때마다 청소년 설교 준비를 전체적으로 일목요연하게 보여주는 어떤 방법론을 필요로 한다. 그러므로 본 장에서는 이러한 청소년 설교자들의 필요를 충족시키기 위하여 청소년 설교자들이 설교를 준비할 때 반드시 생각하거나 거쳐야 할 일련의 설교 준비 과정인, 하나의 청소년 설교 작성 방법을 제시한다.

그렇다면 우리는 청소년 설교를 어떻게 작성해야 할까? 청소년 설교 준비를 어디서 시작해서 어떻게 끝내야 할까? 청소년 설교 작성 방법을 전체적이면서도 가능한 한 간략하게 말한다면 어떻게 말할 수 있을까? 그러나 우리는 이러한 질문들에 대한 적절한 답을 찾기 위해서, 먼저 한국 교회의 청소년 설교 작성과 관련된 문제점들을 살펴볼 필요가 있다. 왜냐하면 현재의 문제점이 무엇인지 알아야 이에 걸맞은 적절한 방법론을 찾을 수 있기 때문이다.

또 여기서 밝혀 둘 사실은, 앞에서 언급한 것처럼 한 편의 설교는 그때까지의 설교자의 모든 삶과 설교와 관련된 모든 연구와 준비와 직접적으로 연결되어 있으므로, 한 편의 설교를 작성하기 위하여 필요한 모든 과정을 하나의 정형화된 틀로 나타내기란 불가능하다는 사실이다. 그러므로 여기서는 편의상 설교자들이 청소년 설교 작성을 위하여 반드시 고려해야 할 것처럼 보이는 몇 가지 요소들만을 중심으로 하나의 작성 방법을 제시한다.

그렇다면 이제 한국 교회의 청소년 설교 작성 방법의 문제점들을 점검해 보고, 이를 바탕으로 하나의 청소년 설교 작성 방법을 살펴보자.

2. 한국 교회 청소년 설교 작성 방법의 문제점

그러면 먼저 오늘날 한국 교회 청소년 설교자들이 설교를 작성할 때 드러내는 문제점들을 살펴보자. 그들은 어떤 문제점들을 가지고 있을까? 한국 교회 청소년 설교자들은 오늘날 설교를 작성할 때 최소한 다음과 같은 세 가지 문제점들을 가지고 있는 것처럼 보인다.

1) 도용

한국 교회 청소년 설교자들이 설교를 작성할 때 가지고 있는 첫 번째 문제점은, 아마도 설교의 표절, 즉 도용인 것처럼 보인다.

즉, 상당히 많은 청소년 설교자들이 다른 사람의 설교를 표절, 즉 도용함으로써 설교를 작성하고 있다는 것이다.

오늘날 한국 교회 청소년 설교자들이 설교를 작성할 때 다른 사람의 설교를 도용함으로써 손쉽게 작성하고 있다는 사실은, 필자가 "한국 교회 청소년 설교 내용의 문제점과 그 대안에 대한 한 연구"라는 글에서 이미 밝힌 바 있다.[190] 설교자들의 이런 도용에 의한 설교 작성의 현실은 한 인터넷 설교 사이트의 오늘의 방문자 숫자를 통해서도 쉽게 추론해 볼 수 있다.

예를 들면, 2009년 3월 25일 밤 9시 49분 현재 인터넷 설교 사이트 www.sermon66.com의 오늘의 방문자 수는 10,284명이다. 물론 위의 설교 사이트를 방문한 모든 사람들이 설교를 도용한다고 말할 수는 없다. 그러나 이들 중 상당수가 도용에 의하여 설교를 작성하고 있는 것은 아닐까? 다시 말하면, 1만 명이 넘는 오늘의 방문자 중 일부는 오늘도 그것이 부분적인 도용이든지 아니면 설교 전문(全文)의 도용이든지 간에, 다른 사람의 설교를 도용함으로써 설교를 작성하고 있는 것은 아닐까?

그렇다면 이러한 도용에 의한 설교 작성은 무엇이 문제인가? 그것은 필자가 이미 앞에서 언급한 글에서 밝힌 대로, 기독교 설교자가 당연히 갖추어야 할 정직성에 위배될 뿐만 아니라 다른 사람의 설교를 도용하여 작성된 설교는 기독교 설교라고 말할 수도 없다는 것이다. 또한 설교자가 이런 행위를 반복할 때 그의 설교 작성 능력은 퇴보의 길을 걸을 수밖에 없다는 점이다.[191] 그러므로 청소년 설

---

190) 이것에 대한 좀 더 자세한 내용은 김금용, "한국 교회 청소년 설교 내용의 문제점과 그 대안에 대한 한 연구," 〈신학과 실천〉제15호(2008년 여름), 108-109를 보라.
191) 이러한 내용들에 대한 좀 더 자세한 언급은 Ibid., 139-145를 보라.

교자들은 설교를 작성할 때 당연히 도용의 길을 버려야 한다.

2) 작성 기준의 부재

한국 교회 청소년 설교자들이 설교를 작성할 때 나타내는 두 번째 문제점은, 설교를 작성하는 일정한 기준이나 틀이 없다는 점이다. 다시 말하면, 많은 청소년 설교자들이 설교를 작성할 때 일정한 기준이나 틀 없이 무작위로 그때그때마다 설교를 작성하고 있다는 것이다.

예를 들면, 위에서 밝힌 것처럼 어떤 설교자는 심지어 다른 사람의 설교의 전문을 도용하여 작성하기도 하고, 또 《설교에 기둥을 세워라》와 같은 요약 설교집을 사용하여 설교를 작성하기도 한다. 요약 설교집에서 제공하는 본문 말씀과 간단하게 요약 정리된 내용과 적용[192]에 약간의 살을 붙여서 청소년 설교를 작성하는 것이다.

오늘날 한국 교회 청소년 설교자들이 이러한 요약 설교집에 의존하여 설교를 작성하고 있다는 사실은 시중에 넘쳐나는 요약 설교집들을 통해서 쉽게 추론해 볼 수 있다. 왜냐하면 만일 청소년 설교자들이 이러한 설교집들을 사서 활용하지 않는다면 그러한 설교집들이 출판될 수 없을 것이기 때문이다.

그렇다면 왜 청소년 설교자들은 설교를 작성할 때 이처럼 작성 기준 부재(不在)의 길을 가는 것일까? 여기에는 여러 가지 이유가 있

---

192) 앞에서 언급한 권율복, 《설교에 기둥을 세워라》(서울: 도서출판 줄과추, 1998)와 같은 요약 설교집들은 대체적으로 성경 말씀과 제목을 중심으로 요약 정리된 내용들, 그리고 몇 가지 실제 적용적인 질문들로 구성된다.

을 수 있겠으나 한 가지 분명한 사실은, 그들이 청소년 설교 작성 방법을 모르거나 그것을 정확하게 인식하지 못하고 있기 때문인 것처럼 보인다.

이러한 사실을 필자는 지난 수년 동안의 설교학 교수 생활을 통하여 확인할 수 있었다. 필자의 조사에 따르면, 많은 학생들은 설교학을 전혀 배우지 않은 채로 청소년 설교의 현장으로 나서고 있으며, 이들 중 상당수의 학생들은 스스로 설교를 작성할 수 없는 학생들이었다. 오늘날 한국 교회 청소년 설교 현장에 나서는 많은 설교자들이 놀랍게도 스스로 설교를 작성할 수 없거나 일정한 설교 작성에 대한 기준 없이 무작위로 설교를 준비하고 있는 것이다.

3) 체계화된 작성 방법의 부재

마지막으로 한국 교회 청소년 설교 작성 방법의 문제점을 한 가지만 더 든다면, 그것은 아마도 체계화된 작성 방법의 부재인 것처럼 보인다. 다시 말하면, 청소년 설교자들이 설교를 준비할 때 참고할 수 있는 체계적인 작성 방법이 없다는 것이다.

물론 여기서 작성 방법의 부재는 부분적인 작성 방법을 말하는 것은 아니다. 앞에서 언급한 《한국 교회의 설교학 개론》의 예에서처럼, 우리는 몇몇 청소년 설교에 대한 저작들 속에서 청소년 설교 작성 방법에 대한 부분적인 내용들을 발견할 수 있다. 예를 들면, 신정의는 그의 책 《교회학교 어린이 설교자를 위한 16가지 어린이 설교법》에서 서론과 본론과 결론을 작성하는 방법을 다룬다.[193] 그러나 그 내용들을 분석해 보면, 대부분이 지극히 부분적인 내용들이고,[194] 또 그 부분적인 내용들마저도 아무런 근거 없이 단지 선언적인 주장들로 채워져 있을 뿐이다.[195]

그러나 설교자들이 청소년 설교를 준비할 때에는 이러한 부분적인 내용들만으로는 청소년 설교 작성 방법에 대한 분명한 이해를 가질 수 없다. 이들에게는 부분적인 내용들 외에도 한 편의 청소년 설교가 작성될 때 설교자가 필연적으로 거쳐야 하는 전 과정에 대한 이해가 필요하다. 왜냐하면 최소한 열한 개의 도표(signpost)와 같은 설교의 요소들이 하나도 소외됨이 없이 결합되어야 비로소 어느 정도 청소년 설교[196]로서의 올바른 모습을 갖출 수 있는 상당히 복잡하고 어려운 청소년 설교를, 설교자들이 청소년 설교 작성의 전 과정을 보여주는 하나의 체계화된 작성 방법 없이 작성하는 것은 쉬운 일이 아니기 때문이다.

---

193) 신정의, 《교회학교 어린이 설교자를 위한 16가지 어린이 설교법》(서울: 한국어린이교육선교회, 1992), 30-33.
194) 예를 들면, 그는 '본론' 작성에 대하여 세 가지를 말하고 있는데, 그중에서 두 가지를 대지에 대해서 말한다.
195) 예를 들면, 신정의는 앞에서 말한 '본론' 부분에서 세 가지를 다음과 같이 말한다. "① 대지를 나타내지 말 것(첫째, 둘째 하는 식) ② 이야기 속에 대지가 구분되도록 하라. ③ 우주를 향해 인공위성을 쏘아 올리는 것처럼 1단계, 2단계, 3단계로 구분하여 어린이들의 심령에 적중시킬 준비를 하라." 신정의가 본론 부분에 대하여 말하고 있는 것은 이것이 전부이다. 그는 그의 주장들을 아무런 근거 없이 단지 선언적으로 주장하고 있을 뿐이다.
196) 김금용, "청소년 설교의 한 정의", 〈신학이해〉 제25집(2003), 269-284.

3. 바람직한 청소년 설교 작성 방법

그렇다면 이제 우리는 어떻게 청소년 설교를 작성해야 할까? 한 편의 청소년 설교를 작성하기 위하여 설교자들이 거쳐야 할 과정들이 있다면 어떤 것들이 있을까?

그러나 청소년 설교 작성 방법을 한눈에 볼 수 있도록 일목요연하게 정리하는 것은 쉬운 일이 아니다. 왜냐하면 앞에서 존 A. 브로더스가 주장한 대로, 한 목사의 과거의 연구와 모든 독서, 명상, 기도, 그리고 모든 목회적 활동 등등이 모든 설교에 어떤 기여를 하기 때문에, 우리가 설교 작성 과정 중에 나타나는 어떤 일정한 부분들만을 선택하여 그것들을 청소년 설교 작성 방법이라고 제시하는 것은 어느 정도 무리(無理)함이 있어 보이기 때문이다.

하지만 그럼에도 불구하고 비록 완전할 수는 없겠으나, 현실적으로 끊임없이 밀려오는 청소년 설교자들의 청소년 설교 과제를 효율적으로 해결해 주기 위하여, 어느 정도 이상적으로 보이는 청소년 설교 작성 방법 역시 필요한 것이 사실이다.

그러므로 여기서 필자는 완벽하지는 않으나 청소년 설교자들이 활용할 수 있는 하나의 청소년 설교 작성 방법, 즉 설교자가 한 편의 청소년 설교를 작성할 때 거쳐야 할 과정들을 순차적으로 제시한다. 물론 여기서 구분되어 제시되는 과정들은 서로 긴밀하게 연결되어 있기 때문에 제시되는 순서들은 폐쇄적이라기보다 개방적이며, 편의상 구분된 것임을 밝혀 둔다.

1) 설교자 자신의 준비

그렇다면 청소년 설교자들은 청소년 설교를 작성할 때 어디서부터 시작해야 하는 것일까? 그것은 아마도 설교자 자신을 준비하는 것으로부터 시작해야 할 것처럼 보인다. 왜냐하면 청소년 설교는 설교자의 말이 아니라 하나님의 말씀이며, 이것은 청소년들에게 전하도록 설교자에게 주어지는 것인데,[197] 설교자가 하나님이 주시는 말씀을 받기 위해서는 하나님의 말씀을 받을 그릇으로서의 자신을 준비할 필요가 있기 때문이다.

그럼 왜 청소년 설교자들은 하나님의 말씀을 받기 위하여 자신을 준비해야만 하는가?

그것은 인간은 본래 죄인이며(롬 3:10), 기독교인이 되었지만 여전히 몸 안에 '부패의 찌꺼기'(residue of corruption)[198]를 가지고 있는 설교자가, 어떠한 준비도 없이 거룩하신 하나님을 만나서, 그 하나님으로부터 말씀을 받는 것은 부적절해 보이기 때문이다. 다시 말하면, 거룩하신 하나님은 죄로부터 분리되신 분[199]으로, 죄인 된 인간인 설교자가 어떤 준비 없이 접근하기에는 너무나 거룩하신 하나님이시기 때문이다.

그래서 하나님은 출애굽기 19장을 보면, 사람들을 만나시기에 앞서서 어떤 준비를 명하신다. 예를 들면, 제사장들에게는 "몸을 성

---

197) Ibid., 281-282.
198) John Calvin, *Institutes of the Christian Religion Volume II*, translated by Henry Beveridge(Edinburgh: T.&T. Clark, 1875), 194.
199) Wayne Grudem, *Systematic Theology: An Introduction to Biblical Doctrine*(Leicester: Inter-Varsity Press, 1994), 201-202.

결하게 하라"고 명하시고(출 19:22), 이스라엘 백성들에게는 "자신들을 성결하게 하고 또 옷을 빨라"(출 19:10)고 명하신다. 다시 말하면, 죄인 된 인간인 청소년 설교자가 하나님을 만나서 하나님의 말씀을 받기 위해서는 어떤 준비가 필수적인 것이다.

그렇다면 청소년 설교자들은 하나님의 말씀을 받기 위하여 자신의 무엇을 준비해야 할까?

우리는 청소년 설교자가 하나님의 말씀을 받기 위하여 하나님 앞에 나아가기에 앞서서 준비해야 할 것들을 여러 가지 측면에서 고려해 볼 수 있다. 그러나 여기서는 이것들을 종합하여 다음 두 가지로 정리한다. 이제 그 두 가지를 차례로 살펴보자.

먼저, 청소년 설교자들은 하나님의 말씀을 받기에 앞서서 '전 인격'(whole person)을 준비해야 한다.

왜냐하면 전인적인 존재인 예배자가 예배에 앞서서 자신의 전 존재를 준비해야 하는 것[200]처럼, 전인적인 존재인 설교자 역시 하나님을 만나서 하나님의 말씀을 바르게 받기 위해서는 당연히 자신의 전 인격을 준비해야 하기 때문이다. 다시 말하면, 청소년 설교자는 하나님의 말씀을 받기에 앞서서 자신의 몸과 마음, 지정의(知情意) 전체를 점검하고 준비할 필요가 있는 것이다.

구약의 제사장들이 하나님과의 만남을 앞두고 자신의 '몸'을 성결케 해야 했던 것처럼(출 19:22), 청소년 설교자들은 하나님을 만나

---

200) Keumyong Kim, "A Study of Trinitarian Preparation for Christian Public Worship Service"(Ph.D. dissertation University of Aberdeen, 2000), 223-227.

서 하나님의 말씀을 받기 위해서 자신의 몸과 마음, 지정의 전체를 성결케 해야 하는 것이다.

둘째, 청소년 설교자들은 하나님의 말씀을 받기에 앞서서 자신의 '삶'(life)을 점검해 볼 필요가 있다.

왜냐하면 설교자의 삶과 설교자 자신은 긴밀하게 연결되어 있기 때문이다. 즉 앞에서 언급한 대로 청소년 설교자가 하나님을 만나서 말씀을 받기 위해서는 자신의 '전 인격'을 준비해야만 하는데, 이 인격은 설교자가 살아 온 삶과 긴밀히 연결되어 있기 때문이다. 다시 말하면, 설교자의 과거의 전 삶을 점검하지 않고서는 앞에서 언급한 설교자의 전 인격의 준비 역시 불가한 것이다.

그래서 하나님은 기독교인의 신앙생활을 언급할 때 주로 순간보다는 삶 전체와 연결하여 말씀하신다(살전 5:16-18). 즉 기독교인은 한순간뿐만 아니라 항상 기뻐하고, 쉬지 말고 기도해야 하는 것이다. 그리고 이것은 청소년 설교자가 말씀을 받기에 앞서서 자신을 점검할 때도 마찬가지인 것처럼 보인다.

즉, 청소년 설교자는 한 순간의 인격뿐만 아니라 자신이 살아온 삶을 되돌아보고, 자신이 하나님의 말씀을 받을 만한 사람인지를 점검해 볼 필요가 있다. 다시 말하면 이스라엘 백성들이 하나님을 만나기에 앞서서 더러운 옷을 빨아야 했던 것처럼(출 19:10), 자신이 지나온 삶 속에서 행한 온갖 종류의 죄를 회개하며 자신을 준비할 필요가 있는 것이다.

맥스웰(William D. Maxwell)이 주장하는 대로, 예배에 있어서 예배자의 모든 삶이 하나님께 드리는 헌물이 되어야만 하는 것처럼,[201]

청소년 설교자는 하나님의 말씀을 받기에 앞서 자신의 모든 삶을 점검해 볼 필요가 있는 것이다.

2) 본문의 선정과 연구

하나님의 말씀을 받기 위하여 자신의 전 인격과 삶을 점검한 청소년 설교자는 이제 무엇을 해야 할까? 아마도 먼저 본문 말씀(text)을 선택하고, 선택된 본문 말씀을 연구해야 할 것처럼 보인다. 왜냐하면 청소년 설교는 하나님의 말씀인데, 오늘날 이 하나님의 말씀은 성경을 통해서만 주어지기 때문이다.[202]

물론 어떤 사람은 박은배나 김홍도처럼 본문 말씀을 벗어나는 내용으로 설교할 수도 있고, 또 조용기나 전병욱처럼 성경을 자의적으로 사용하여 설교할 수도 있다.[203] 그러나 이런 내용으로 구성된 설교는 진정한 기독교 설교라고 말할 수 없다. 왜냐하면 기독교 설교는 설교자의 종교 강연이나 철학적인 토로가 아니라, 존 브로더스가 말한 것처럼 단지 성경에 목소리를 부여하는 것[204]이기 때문이다.

만일 청소년 설교자들이 자신의 인격과 삶을 점검하고, 이어서

---

201) William D. Maxwell, *Concerning Worship*(London: Oxford University Press, 1949), 6.
202) 김금용, "청소년 설교의 한 정의", 〈신학이해〉 제25집(2003), 277-278.
203) 박은배와 김홍도가 본문 말씀을 벗어나는 내용으로 설교하는 내용이나 조용기와 전병욱이 성경의 본래 의도와 달리 성경을 자의적으로 사용하는 구체적인 내용은 김금용, "한국 교회의 위기와 설교학적 한 답변", 〈한국 기독교 신학 논총〉 제62집(2009), 294-299을 보라.
204) John A. Broadus, *op. cit.*, 19.

본문 말씀을 선택하고 연구해야 한다면, 그들은 이제 본문 말씀을 어떻게 선택하고 또 연구해야 할까?

청소년 설교자들이 본문을 선택할 수 있는 방법은 여러 가지가 있으나, 그것들을 정리하면 다음 세 가지로 나누어 볼 수 있다.

첫째, 성구집(lectionary)을 사용하는 방법이다. 보통 성구집은 성경의 구절들을 교회력의 날짜(day)나 절기(season)에 맞게 선택하여 정리해 놓은 것인데,[205] 설교자는 좋은 성구집을 사용함으로써 마음에 드는 본문만을 선택하여 설교하는 습관에서 벗어나 성경적인 진리를 전체적으로 조감(鳥瞰)하여 설교할 수 있다.[206]

둘째, 먼저 선택된 주제를 따라서 거기에 맞는 본문을 찾아가는 방법이다.

셋째, 설교자의 영성 생활 중에서 특별히 영감받은 본문을 선택하는 방법이다.

청소년 설교자들은 이 세 방법 중에서 하나를 선택하여 본문을 찾고 또 결정할 수 있다.

그럼 만일 청소년 설교자들이 위의 방법들 중 하나로 본문을 선택하게 되었다면, 그들은 이제 본문을 어떻게 연구해야 할까?

설교자는 하나님께서 선택된 본문을 통하여 무엇을 말씀하시는지 정확하게 알기 위하여 여러 가지 작업을 해야 한다. 예를 들면,

---

205) Horace T. Allen, Jr., *A Handbook for the Lectionary*(Philadelphia: The Geneva Press, 1980), 12.
206) James W. Cox, *Preaching*(《설교학》, 원광연 역, 고양: 크리스챤다이제스트, 1999), 79.

본문의 의미를 정확하게 파악하기 위하여 여러 종류의 한글 성경들을 비교하여 읽거나, 히브리어나 헬라어 성경을 분석하고 해석하거나, 본문에 대한 여러 가지 주석서들을 비교 분석해야 하고, 또 기록된 본문의 배경에 대한 서적들도 탐구해야 한다.

그러나 이러한 여러 가지 작업들을 통하여 설교자가 반드시 달성해야 할 연구 과제는, 가능한 한 선택된 본문에 대한 정확한 석의와 주해를 하는 것이다. 즉 청소년 설교자는 석의 과정을 통하여 성서 본문이 기록될 당시에 본래 무엇을 의미했는지를 알아야 하고, 또 주해 과정을 통하여 하나님께서 본문 말씀을 통하여 오늘의 역사 속에 무엇을 말씀하시려고 하는가를 알아야 한다.[207]

3) 주된 메시지의 확정

청소년 설교자가 석의와 주해 과정을 통하여 하나님께서 본문을 통하여 무엇을 말씀하셨고 또 무엇을 말씀하시려고 하는지 알았다면, 이제 청소년 설교자는 하나님께서 본문을 통하여 주시는 메시지들 중에서 무엇을 전할 것인가를 결정해야 한다.

하나님은 한 본문을 통하여 여러 가지 메시지들을 주실 수 있다. 예를 들면, 하나님은 디모데전서 6장 11-16절에서 '하나님의 사람이 가야 할 길'을 크게 두 가지, 즉 '좇아가야 할 길'과 '피해야 할 길'로 나누어 말씀하신다. 그리고 또 '좇아가야 할 길'을 여러 가지로 나누어 말씀하신다.[208] 그리고 역시 이 본문은 이러한 내용 외에

---

207) 김금용, "청소년 설교 형태를 위한 한 연구", 〈신학이해〉 제31집(2006), 166.

도 여러 가지 다른 메시지들을 내포하고 있다.

그러므로 청소년 설교자는 앞에서 언급된 것처럼 한 본문에 많은 메시지가 내포되어 있다는 사실을 깨달은 후에는, 이러한 메시지들 중에서 어떤 내용을 전할 것인가를 결정해야 한다. 왜냐하면 한 편의 설교에 하나님께서 한 본문을 통하여 말씀하시고자 하는 모든 내용을 담아낼 수는 없기 때문이다. 앞의 예를 들어 다시 말하면, 한 설교에서 하나님의 사람이 가야 할 모든 길과 피해야 할 모든 길을 청소년들이 모두 받아들일 수 있도록 설득력 있게 설교하는 것은 거의 불가능하기 때문이다. 그리고 설교의 내용이 청소년들에게 명료하게 커뮤니케이션 되기 위해서는 전달되는 정보인 설교의 양이 수용자인 청소년들이 수용할 수 있는 양이 되어야 하기 때문이다.[209]

그러므로 청소년 설교자들은 주어진 본문의 메시지들을 정확하게 파악한 후에는 그 메시지들 중에서 무엇을 전할 것인가를 결정해야 하는 것이다.

그렇다면 여기서 설교자는 무엇을 기준으로 하여, 여러 가지 메시지들 중에서 그 우선순위를 결정해야 할까? 보통 청소년 설교자들이 메시지의 우선순위를 결정할 때 고려할 수 있는 기준은 다음 두 가지가 있다.

---

[208] 김금용 외, 《디모데전후서 디도서: 어떻게 설교할 것인가》(서울: 두란노아카데미, 2008), 95-96.
[209] Myron R. Chartier, *Preaching As Communication: An Interpersonal Perspective*(Nashville: The Parthenon Press, 1981), 73.

첫째, 삼위일체적인 기준을 설정하는 것이다.

다시 말하면, 말씀의 주인이신 삼위일체 하나님의 뜻을 고려하여 삼위 하나님의 말씀이 동등하게 그러나 일체적으로 전해지도록 그 우선순위를 결정하는 것이다. 즉 본문의 내용 중 설교의 메시지를 결정할 때, 아버지(God the Father)와 아들(God the Son)과 성령(God the Holy Spirit), 삼위(three person) 하나님의 뜻이 동등하게 그러나 일체적으로 전해지도록 하는 것이다.[210] 왜냐하면 삼위일체 하나님의 말씀이 청소년들에게 동등하게 그러나 일체적으로 전해지지 않는다면, 청소년들은 기독교의 하나님을 잘못 알게 되고, 결국은 왜곡된(distorted) 기독교인으로 성장할 수밖에 없기 때문이다.

둘째, 설교의 목적을 생각해 보는 것이다.

바우만(J. Daniel Baumann)에 따르면, 설교에는 설교마다 분명한 목표가 있어야 한다.[211] 그래서 그는 이 목적에 따라서 설교를 네 가지로 분류하여 말한다. 즉 설교는 그 목적에 따라서 케리그마적(kerygmatic) 설교, 교훈적(didactic) 설교, 치유적(therapeutic) 설교, 예언적(prophetic) 설교로 분류될 수 있고, 또 설교자는 설교할 때 이 네 가지 설교를 균형 있게 해야 한다는 것이다.[212]

바우만의 이러한 주장은 상당히 설득력이 있어 보인다. 왜냐하면 오늘날 회중은 구원에 직접적으로 연결되는 케리그마적인 내용의 설교뿐만 아니라 교훈적인 내용이나 치유적인 내용 그리고 때때

---

210) 이것에 대한 좀 더 자세한 내용은 김금용, "한국 교회 청소년 설교 내용의 문제점과 그 대안에 대한 한 연구", 〈신학과 실천〉 제15호(2008 여름), 115-116을 보라.
211) J. Daniel Baumann, *An Introduction to Contemporary Preaching*(《현대 설교학 입문》, 정장복 역, 서울: 도서출판 엠마오, 1991), 286.
212) Ibid., 287-309.

로 그들의 죄와 부패를 지적하는 예언적인 내용의 설교 역시 필요로 하기 때문이다.

이것은 청소년 설교에서도 마찬가지로 적용될 수 있을 것처럼 보인다. 왜냐하면 오늘날 청소년들 역시 구원의 복음이 필요하고, 기독교 청소년으로서 어떻게 살아가야 하는지를 분명히 알아야 하며, 또 여전히 영적으로, 육체적으로 돌봄과 치유를 필요로 하며, 또 역시 죄로 인하여 방황할 때에는 예언적인 말씀이 필요하기 때문이다. 청소년 설교자는 청소년들의 이러한 상황들을 고려하여 각각의 내용들이 균형 있게 선포될 수 있도록 메시지의 우선순위를 결정할 필요가 있는 것이다.

4) 설교 형태 결정과 자료 배열

그럼 만일 설교자가 청소년들에게 전해야 할 메시지를 결정했다면 이제 무엇을 해야 할까? 당연히 이제는 결정된 메시지를 담아 낼 설교 형태를 생각해야 한다. 왜냐하면 생스터(W. Edwin Sangster)가 말한 것처럼, 모든 잘 만들어진 설교는 일정한 형태를 가지고 있기[213] 때문이다.

설교자는 이제 다양한 설교 형태들[214] 중에서 어떤 형태가 주어진 메시지를 가장 잘 담아내고 또 청소년들에게 가장 설득력 있게 전달될 수 있을까를 생각하여 그 형태를 결정해야 한다. 예를 들면,

---

213) W. Ddwin Sangster, *The Craft of Sermon Construction*(London: The Epworth Press, 1949), 53.

동일한 무게를 가진 두 개의 메시지를 전할 경우와, 두 개의 메시지이기는 하지만 하나가 또 다른 하나에 종속된 경우라면, 설교 형태를 달리하는 것이 좋을 것이다. 또 보통 대지 설교의 형태로 전달되는 3~4개의 메시지와 분석 설교[215] 형태로 전해지는 한 주제에 대한 다각도의 내용의 메시지는, 동일한 설교 형태보다는 각각 대지 설교와 분석 설교 형태로 선포됨이 적절할 것이다.

청소년 설교자는 여기서 그 형태가 어떤 것이든지 앞에서 결정된 메시지의 내용을 가장 잘 담아낼 수 있는 설교 형태를 선정해야 한다. 물론 설교자는 여기서 피터스(H.J.C. Pieterse)가 말한 대로, 어떠한 형식도 메시지의 내용을 완벽하게 전할 수 있을 만큼 최종적이거나 완벽한 것은 아니라[216]는 사실을 알아야 한다.

그러나 그 형태가 무엇이든지 청소년 설교 형태를 선정할 때 설교자가 반드시 기억해야 할 사실은, 필자가 이미 밝힌 대로[217] 하나의 설교 형태 속에는 전해야 할 '메시지'와 메시지의 근원(source)

---

214) 다양한 설교 형태들에 대해서는 정장복 외, 《설교학 사전》(서울: 예배와 설교 아카데미, 2004), 747-851; Ronald J. Allen, *Patterns of Preaching*(《34가지 방법으로 설교에 도전하라》, 허정갑 역, 서울: 예배와 설교 아카데미, 2004); 신정의, 《교회학교 어린이 설교자를 위한 16가지 어린이 설교법》(서울: 한국어린이교육선교회, 1992); 김금용, "청소년 설교 형태를 위한 한 연구", 〈신학이해〉 제31집(2006), 157-160 등등을 참고하라.
215) 대지 설교와 분석 설교에 대한 좀 더 자세한 내용은 정장복, 《한국 교회의 설교학 개론》(서울: 예배와 설교 아카데미, 2001), 167-179; 김금용, 《제3의 분석 설교의 이론과 실제》(서울: 쿰란출판사, 2011); William Evans, *How to Prepare Sermons*(Chicago: Moody Press, 1964) 등등을 참고하라.
216) H.J.C. Pieterse, *Communicative Preaching*(《설교의 커뮤니케이션》, 정창균 역, 수원: 합동신학대학원출판부, 2002), 257.
217) 김금용, "청소년 설교 형태를 위한 한 연구", 〈신학이해〉 제31집(2006), 164-168.

이 되는 '본문 말씀' 그리고 메시지가 정확히 성경 본문으로부터 나왔음을 보여주는 '해석'과 메시지의 내용을 청소년들의 삶에 구체적으로 적용해 주는 '적용' 그리고 설교 전체를 요약하고 마지막으로 적용을 시도하는 '결론' 또 일상적인 삶으로부터 설교 현장으로 들어온 청소년들을 메시지의 내용 속으로 안내하는 '서론' 등 여섯 가지 기본 요소가 내포되어야 한다는 사실이다.

그렇다면 위에서 언급된 기본 요소들을 모두 갖춘 설교 형태를 결정한 청소년 설교자는 이제 무엇을 해야 할까? 이제 당연히 결정된 설교 형태에 맞추어 전해야 할 메시지의 내용과 자료들을 배열해야 한다. 설교자는 이 단계에서 앞의 여러 가지 과정들 속에서 확보된 다양한 자료들, 예를 들면 주된 메시지, 메시지의 근원인 본문 말씀, 메시지와 관련된 단어들의 뜻풀이, 본문의 배경, 예화들, 적용적인 내용들, 서론적인 내용, 결론적인 내용 등등을 설교의 형태에 맞추어 배열해야 한다.

그럼 이제 설교자들은 설교 자료들을 어떻게 배열하면 좋을까? 자료들을 배열하는 방법은 여러 가지가 있을 수 있으나, 한 가지 예를 간략하게 제시하면 다음과 같다.

(1) 먼저 설교자는 충분한 크기의 백지를 책상 위에 놓는다.
(2) 백지 맨 위쪽에 주제와 제목 그리고 본문 말씀을 차례로 기록한다.
(3) 그리고 그 아래에 결정된 설교 형태의 기본 뼈대들을 백지

좌측에 적당한 간격으로 나열한다(각 뼈대의 간격은 뼈대들의 예상되는 내용 분량에 따라서 적절히 할당한다. 예를 들어 기본 뼈대를 서론, 본론, 결론으로 구성했다면, 서론이나 결론보다 본론에 훨씬 더 큰 지면을 할당해야 할 것이다).

(4) 확보된 자료들을 내용에 따라서 기본 뼈대들 우측에 순서대로 나열한다(설교자는 자료들을 나열할 때 가능한 한 자료들이 논리적으로 치밀하게 배열되도록 해야 한다. 왜냐하면 논리적이고 치밀한 자료 배열은 결국 설교 작성의 다음 단계인 원고 작성을 용이하게 만들기 때문이다).

5) 설교 원고 작성

설교 형태를 결정하고, 그 형태에 맞게 자료를 배열한 청소년 선교자가 가야 할 다음 단계는 무엇일까? 청소년 설교자는 이제 설교 원고를 작성해야 한다. 즉, 결정된 설교 형태에 맞추어 치밀하게 배열된 자료들을 근거로 하여 설교 원고를 작성하는 것이다. 이때 설교자는 설교 현장에서 선포될 모든 내용을 가능한 한 선포될 내용 그대로 원고 속에 담아내야 한다.

물론 이미 설교 형태도 나왔고, 또 설교 형태를 따라서 자료를 배열했기 때문에 이제 바로 청소년 설교 현장으로 들어가면 된다고 주장할 수 있다. 예를 들면, 바우만이 '설교의 전달 방법'에서 언급한 '메모도 없이 하는 법'이나 '메모를 가지고 하는 법'[218]을 따르는 설교자라면 충분히 바로 설교 현장으로 들어갈 수 있을 것이다.

그리고 또 이런 부류의 사람들 중에는 설교 원고의 작성 자체를 반대할 수도 있을 것이다. 왜냐하면 이들은 설교 원고가 설교자의 자유(freedom)를 방해할 수도 있고, 또 설교자를 성령의 역사에 개방적이지 못하게 만들 수도 있다고 생각하기 때문이다.[219]

물론 우리는 이런 주장들에 대하여 어느 정도 공감할 수 있다. 왜냐하면 설교자가 선포될 모든 내용을 정확하게 작성하여 그 원고의 세세한 부분까지 그대로 전달하려고 노력하다 보면 원고에 지나치게 집착하게 되고, 결국 이것은 설교자의 자유를 억압하게 만들 수도 있고, 또 설교자가 예상하지 못한 성령 하나님의 역사를 가로막을 수도 있기 때문이다.

그러나 이러한 이유만으로는 청소년 설교 원고의 작성을 중단할 수는 없을 것이다. 왜냐하면 청소년 설교자들은 상당한 노력이 필요하겠지만, 성실한 원고 숙지를 통하여 어느 정도 자유를 확보할 수 있고, 또 원고를 작성할 때 원고 내용을 기도를 통하여 성령 하나님의 인도하심을 따라 작성함으로써, 말씀 선포 시에 역사하실 성령 하나님의 역사를 어느 정도 미리 예측할 수 있을 것이기 때문이다.

왜냐하면 원고 작성 시에 역사하시는 성령 하나님과 말씀 선포

---

218) 바우만은 설교학의 전통에 따르면 세 가지 설교 방법이 있다고 말한다. 그 세 가지는 '메모도 없이 하는 법', '원고를 가지고 하는 법', 그리고 '메모를 가지고 하는 법'이다. 이 세 가지 방법에 대한 좀더 자세한 내용은 J. Daniel Baumann, *An Introduction to Contemporary Preaching*(《현대 설교학 입문》, 정장복 역, 서울: 도서출판 엠마오, 1991), 274-278을 보라.
219) Martyn Lloyd-Jones, *Preaching and Preachers*(London: Hodder & Stoughton, 1998), 229.

시에 역사하시는 성령 하나님은 동일하신 하나님이시기 때문이다. 즉 우리가 잘 아는 대로, 성령 하나님은 어제나 오늘이나 영원토록 동일하신 하나님이시며, 과거나 현재나 미래의 모든 사건에 편재(omnipresence)하시는 하나님[220]이시기 때문에, 설교자가 설교 선포 현장에서 전해야 할 말씀이 있다면, 그것은 당연히 기도와 간구를 통하여 설교 원고 작성 시에 미리 받을 수도 있기 때문이다.

그럼 만일 설교자가 청소년들을 위한 설교 원고를 작성해야 하는 것이 사실이라면, 왜 청소년 설교자들은 설교 원고를 작성해야 할까? 여기에는 최소한 다음과 같은 몇 가지 이유가 있다.

첫째, 설교자는 원고 작성을 통하여 여러 가지 생각들을 일목요연하게 정리할 수 있기 때문이다.

설교자는 설교를 준비하는 동안 본문 말씀을 연구하고, 또 본문의 배경을 탐구한다. 또 예화 등 여러 가지 설교 자료들을 만나게 된다. 그리고 여러 가지 자료들로 인하여 생각의 혼돈을 경험하게 된다. 그러나 설교자는 원고 작성을 통하여 이러한 혼란을 논리정연하게 정리할 수 있다.

둘째, 원고 작성을 통하여 좀 더 아름답고 고상한 표현을 선택함으로써 설교의 수준을 높일 수 있기 때문이다.

우리는 때때로 설교에서 상스러운 수준 이하의 언어를 사용하는 설교자를 만난다. 그러나 설교자의 이러한 언어 사용은 청소년 설

---

[220] Stanley J. Grenz, *Theology for the Community of God*(Carlisle: The Paternoster Press, 1994), 120.

교자가 가야 할 길이 아니다. 왜냐하면 설교는 거룩하시고 지극히 높으신 하나님의 말씀을 전하는 것이므로 설교 용어 또한 가능하면 고상하고 아름다운 표현을 사용해야 하기 때문이다.

셋째, 정장복 교수가 말한 대로, 원고화를 통하여 설교자는 하나님의 '말씀을 받아 쓰는 경험'[221)]을 할 수 있기 때문이다.

그렇다면 이제 청소년 설교자들은 설교 원고를 구체적으로 어떻게 작성해야 할까?

아마도 설교 원고 작성에 대한 구체적인 방법들은 학자들의 시각에 따라서 다양하게 제시될 수 있을 것이다. 그러나 여기서는 지면 관계상 제기될 수 있는 모든 방법들을 구체적으로 살펴볼 수는 없다. 그러므로 여기서는 필자가 보기에 청소년 설교자들이 원고 작성 시에 반드시 주의해야 하는 다음 몇 가지만을 제시한다.

첫째, 청소년 설교 원고 내용은 눈으로 읽을 독자를 위한 글이 아니라 귀로 들을 청소년들을 위한 글이므로, 문어체보다는 구어체로 작성되어야 한다.

그러므로 청소년 설교자들은 원고를 작성할 때마다 바우만의 다음의 말을 항상 기억할 필요가 있다.

> 너무나 자주 설교자들은 문어체의 원고를 들고 설교단에 올라온다. 이것은 책이나 기고에는 훌륭하지만 설교에는 적합하지 않다. 설교는 입으로 전하는 수필이 아니다. 그것은 명확한 구어로 전달되는 메시지

---

221) 정장복, *op. cit.*, 260.

이다. 구어체를 발전시켜야 한다.[222]

둘째, 원고 내용은 설교자가 그대로 설교할 내용이므로 자신이 분명하게 발음하거나 편하게 전달할 수 있는 내용이어야 한다.

그러므로 설교자는 설교를 작성할 때 설교 내용을 실제 설교 현장에서 설교하듯이 먼저 자신의 입으로 표현해 본 후에, 편하고 용이한 단어와 문장인가를 확인한 후 작성하는 것이 좋다.

셋째, 설교 원고에서 사용되는 단어들은 가능한 한 아름답고 고상한 표현이 좋으나, 청소년들이 이해할 수 있는 단어들이어야 한다.

왜냐하면 아무리 아름답고 고상한 표현이라도 설교의 대상인 청소년들이 이해할 수 없다면 하나님의 말씀이 청소년들에게 바르게 전달될 수 없기 때문이다.

넷째, 설교의 문장은 가능한 한 복문보다는 단문이 좋다는 점이다.

왜냐하면 보통 청소년들에게 전해져야 할 설교의 내용은 복문보다는 단문을 통하여 더 분명하고 정확하게 전달되기 때문이다. 그래서 톰 내시(Tom Nash)는 모든 기독교 커뮤니케이터(communicator)들에게 분명하게 말한다.

"짧은 단어와 문장들을 사용하라."[223]

---

222) J. Daniel Baumann, *op. cit.*, 276.
223) Tom Nash, *The Christian Communicator's Handbook*(Wheaton: Victor Books, 1995), 185.

6) 성육화

　청소년 설교자들이 설교를 작성하면서 거쳐야 할 과정을 마지막으로 한 가지만 더 언급한다면, 그것은 아마도 '성육화'일 것이다.
　다시 말하면, 설교 원고 내용과 설교자가 한 몸이 되는 것이다. 왜냐하면 말씀이 육신이 되어(요1:14) 이 땅에 임하신 예수님처럼, 원고 내용과 설교자가 한 몸이 되지 못한다면, 지금까지 많은 노력을 경주하여 준비한 말씀이 청소년들에게 설득력 있게 전달될 수 없기 때문이다. 특별히 로이드 존스가 지적한 대로, 설교가 사람들의 지성과 감성뿐만 아니라 의지와 행위에까지 영향을 미치는 전인격적인 것[224]이라면, 청소년 설교자는 철저히 성육화의 길을 가야 한다. 그래서 정장복 교수는 다음과 같이 주장한다.

> "원고가 탈고된 순간부터 설교자는 준비한 말씀이 단순히 자신의 두뇌 작용의 결실인지, 아니면 그 말씀이 자신 속에 화신이 되어 몸과 마음 전체가 그 말씀과 함께 묶여 있는지를 살펴야 한다. 그럴 때 강단에 선 설교자가 단순히 입으로만 설교하는 것이 아니라, 스스로의 몸에서 설교가 나아가고 있음을 회중이 느끼게 된다."[225]

　만일 위의 주장들처럼 설교자가 성육화의 길을 가야 하는 것이 사실이라면, 이제 청소년 설교자들은 설교 내용과 하나 되기 위하

---

224) Martyn Lloyd-Jones, *op. cit.*, 53.
225) 정장복, *op. cit.*, 261.

여 어떻게 해야 할까?

성육화의 길을 위하여 제시될 수 있는 방법은 여러 가지가 있을 수 있다. 그러나 여기서는 지면 관계상 다음 네 가지 방법만을 제시함으로 마친다.

첫째, 청소년 설교자들은 성육화의 길을 가기 위하여 원고 내용을 충분히 숙지해야 한다.

원고 내용을 반복하여 읽고 또 읽음으로써 원고 내용과 하나가 되어야 한다. 왜냐하면 원고 내용을 숙지하지 않고서는 성육화의 길을 갈 수 없기 때문이다.

둘째, 원고를 어느 정도 숙지한 후에는 단어 하나하나의 의미를 파악하고, 파악된 단어의 의미와 무게에 맞게 설교자의 목소리와 몸을 일치시켜야 한다.

왜냐하면 모든 단어를 동일한 음정으로 소리 내거나 표현해서는 청소년들에게 각각 다른 의미를 간직한 단어로 구성된 설교 내용을 바르게 전달할 수 없기 때문이다. 그러므로 설교자는 원고 내용과의 성육화를 위하여 최소한 음정의 고저장단을 통하여 각각의 단어를 본래의 의미와 일치되게 표현할 필요가 있다.

셋째, 청소년 설교자는 설교의 각 문장들을 그 문장의 내용과 위치에 맞게 표현함으로써 성육화의 길을 가야 한다.

왜냐하면 한 설교에서 각각의 문장들은 그 문장의 위치와 내용에 따라서 각각 다른 의미를 내포하고 있기 때문이다. 예를 들면, 설교가 막 시작되는 서론의 문장과 설교의 절정 부분의 문장은 그 의미나 중요도가 다를 수밖에 없다. 따라서 청소년 설교자들은 각 문장의 내용이나 위치를 고려하여, 음정의 고저장단은 물론 제스처 등 다양한 방법을 사용하여 각 문장들이 그 문장의 본래 의미에 맞게 일치되게 표현될 수 있도록 최선을 다해야 한다.

넷째, 청소년 설교자는 설교 내용과의 진정한 성육화를 위하여 성령 하나님을 철저히 의지해야 한다.

왜냐하면 설교는 하나님의 말씀으로서, 청소년 설교 내용이 청소년들을 향한 진정한 하나님의 말씀이 되기 위해서는 말씀의 주인이시며 동시에 협력자(helper)이신 성령 하나님의 도우심이 필요하기 때문이다. 그래서 바르트(Karl Barth)는 "설교자의 태도는 위로부터 통제되어야 한다"[226]고 주장하고, 칼빈은 다음과 같이 성령의 내적 증거를 주장한다.

> 성령의 증거는 일체의 이론을 훨씬 능가한다고 나는 답변한다. 왜냐하면 하나님 자신만이 자기 말씀의 합당한 증인이 되시는 것처럼, 그 말씀도 성령의 내적 증거에 의하여 확증되기 전에는 사람의 마음에 받아들여질 수 없기 때문이다.[227]

결론적으로, 청소년 설교자들은 원고 내용의 성육화를 위하여 최선의 노력을 경주한 후에는 모든 것을 말씀의 주인이신 하나님께 맡기고 성령 하나님의 도우심을 간구해야 한다.

---

226) Karl Barth, *Homiletics*, translated by Geoffrey W. Bromiley and Donald E. Daniels (Louisville: Westminster/John Knox Press, 1991), 90.
227) John Calvin, *Calvin: Institutes of the Christian Religion*(《기독교 강요》상, 김종흡 외 역, 서울: 생명의말씀사, 1991), 141.

4. 나가는 말

지금까지 우리는 한국 교회의 청소년 설교 작성 방법의 문제점을 살펴보고, 이러한 문제들을 극복할 수 있는 한 가지 대안을 살펴보았다. 그리고 오늘날 많은 한국 교회 청소년 설교자들이 자신의 설교를 스스로 작성하지 못하고 도용의 길을 걷고 있으며, 또 스스로 설교를 작성하려고 해도 적절한 작성 기준이나 체계화된 작성 방법이 없음으로 인하여 어려움을 겪고 있음을 발견하였다.

그리고 또 한 편의 청소년 설교가 작성되기 위해서는 최소한 설교자가 말씀을 담을 그릇으로서의 자신을 준비해야 하고, 하나님의 말씀의 근거인 본문 말씀이 선정되고 연구되어야 하며, 또 연구된 본문 말씀으로부터 주된 메시지가 확정되어야 함을 알았다.

그리고 메시지가 확성된 후에는 그 메시지를 담아낼 설교 형태가 결정되어야 하고, 또 설교 형태가 확정된 후에는 설교 자료들이 그 설교 형태에 맞게 적절히 배열되어야 함을 알았다. 그 후에는 설교 원고가 철저히 작성되어야 하고, 또 설교 원고가 작성된 후에는 설교자와 원고 내용이 하나 되는 성육화의 과정이 필요함을 알았다.

그러므로 이제 한국 교회의 청소년 설교자들은 설교 작성 방법을 바르게 인식하고 익힘으로써, 스스로 자신의 설교를 작성하는 설교자들이 되어야 할 것이다. 더 이상 청소년 설교 작성 방법을 몰라서 방황하거나 무분별하게 다른 사람의 설교를 도용하는 설교자가 되어서는 안 된다. 오직 청소년 설교 작성 방법을 분명하게 인식함으로써, 성경을 통하여 하나님으로부터 받은 말씀을 스스로 작성하여 청소년들에게 잘 전해야 한다.

그때 청소년 설교자들은, 하나님께서 말씀하시지 않은 거짓된 말을 설교함으로써 하나님으로부터 철저히 버림받았던 하나냐와 같은 거짓 선지자(렘 28:15-17)의 길을 벗어나, 하나님의 말씀을 하나님의 뜻대로 바르게 전하는 설교자들이 될 것이다.

만일 설교자들이 청소년 설교 작성 방법을 분명하게 인지하고 한 편의 설교를 완벽하게 작성했다면, 이제 설교자들은 그 말씀을 청소년들에게 어떻게 전해야 할까? 성인들에 비하여 집중력이 약한 청소년들에게 어떻게 하나님의 말씀을 전해야 좀 더 효과적으로 전달할 수 있을까? 그러므로 다음 장에서는 청소년 설교의 전달 방법을 살펴본다.

제6장
청소년 설교의 전달 방법

　오늘날 한국 교회의 청소년 설교자들은 말씀 전달을 위한 적절한 준비 없이 설교의 현장으로 나가고 있다. 그래서 이들 중 상당수는 청소년들에게 말씀을 전할 때 설교 내용과 어울리지 않는 부적절한 음성을 사용한다. 그리고 어떤 청소년 설교자는 설교를 듣는 회중인 청소년들과의 시선 접촉 없이, 또 과도한 시청각 자료에 의존하여 말씀을 전한다.
　그러므로 본 장에서는 이러한 청소년 설교 전달자들의 문제점을 극복하기 위하여 언어적인 전달 요소들과 비언어적인 전달 요소들을 살펴본다. 즉, 설교자들이 하나님의 말씀을 청소년들에게 좀 더 확실하면서도 분명하게 전달하기 위해서, 언어적인 측면에서는 정확한 발음과 내용에 맞는 다양한 음정, 그리고 적절한 속도가 필요함을 주장하고, 또 비언어적인 전달 면에서는 적절한 시선 접촉과 내용에 맞는 제스처 그리고 청소년들의 말씀에 대한 주의집중을 방해하지 않는 정상적인 외모가 필요함을 말한다.

1. 들어가는 말

앞에서 우리는 청소년 설교의 내용과 형태는 물론 작성 방법을 살펴보았다. 그리고 어떤 내용으로 설교를 구성해야 바람직한 청소년 설교가 되고, 또 청소년 설교는 어떤 형태로, 어떻게 작성되어야 하는지 알았다.

그렇다면 앞 장에서 살펴본 방법에 따라서 청소년 설교가 작성된다면 그 설교는 청소년들에게 온전히 전달될 수 있을까? 그리고 청소년들은 그 말씀대로 살아가게 될까?

물론, 청소년 설교자가 앞에서 살펴본 순서를 따라서 충실하게 나아간다면, 설교자는 한 편의 완성된 청소년 설교 원고를 만나게 될 것이다. 하지만 설교자가 한 편의 완성된 청소년 설교 원고를 갖게 된다 할지라도, 청소년 설교가 여기서 끝나는 것은 아니다. 왜냐하면 토머스 롱(Thomas G. Long)이 말하는 대로, 설교는 쓰는 것이 아니라 말해지는 것, 곧 말의 사건(spoken event)이며,[228] 청소년 설교가 설교로서 완성되기 위해서는 작성된 설교 내용이 청소년들에게 온전히 전달되어야 하기 때문이다.

그러므로 설교 원고 작성을 마친 청소년 설교자들은 완성된 설교 원고에 만족하지 말고, 이제 어떻게 작성된 원고를 청소년들에게 효과적으로 전달할 것인가를 강구해야 한다.

그렇다면 오늘날 한국 교회의 청소년 설교 내용들은 청소년들에

---

228) Thomas G. Long, *The Witness of Preaching*(《설교자는 증인이다》, 서병채 역, 서울: 기독교문서선교회, 1998), 281.

게 잘 전달되고 있는 것일까? 청소년 설교자들은 하나님께서 주신 말씀을 청소년들에게 성공적으로 커뮤니케이션 하고 있을까? 물론 청소년 설교자들은 부름 받은 하나님의 말씀의 전달자들로서[229] 마땅히 성공적인 커뮤니케이터(Communicator)가 되어야 한다. 왜냐하면 하나님께서 그들을 부르신 목적이 당신의 말씀을 청소년들에게 정확하게 전달하기 위함이기 때문이다.

하지만 불행하게도 오늘날 한국 교회의 현실은 그렇지 못한 것처럼 보인다. 왜냐하면 오늘날 한국 교회는 전체적으로 심각한 위기에 빠져 있고,[230] 이것은 청소년 설교 커뮤니케이션 분야에서도 마찬가지로 나타나는 현상이기 때문이다. 일찍이 클라이드 레이드(Clyde Reid) 등 여러 설교학자들은 설교의 위기를 커뮤니케이션의 관점에서 지적해 왔다.[231] 그러나 이러한 설교 커뮤니케이션의 위기와 문제는 여전히 현재 진행형이며, 이것은 오늘날 한국 교회 청소년 설교에서도 광범위하게 나타나는 현상이다.

그렇다면 오늘날 한국 교회의 청소년 설교가 직면한 설교 전달 방법 면에서의 문제점은 무엇이며, 청소년 설교자들은 그 문제점들을 어떻게 극복할 수 있을까? 어떻게 하면 청소년 설교자들은 하나님께서 청소년들에게 전달하라고 주신 말씀을 좀더 성공적으로 커뮤니케이션 할 수 있을까?

---

229) 김금용, "청소년 설교의 한 정의", 〈신학이해〉 제25집(2003년 5월), 270-282.
230) 손원영, 《테오프락시스 교회론: 한국 교회 위기의 시대, 희망을 말하다》(서울: 도서출판 동연, 2011), 21.
231) 설교의 위기를 커뮤니케이션의 관점에서 말하는 내용은 Clyde H. Reid, *The Empty Pulpit: A Study in Preaching as Communication* (London: Harper & Row, Publishers, 1967); Malcolm Boyd, Crisis in Communication (New York: Doubleday & Company, 1957) 등등을 보라.

그러므로 본 장에서는 오늘날 한국 교회 청소년 설교자들이 직면한 설교 전달 방법 면에서의 문제점들을 살펴보고, 그 대안을 찾아본다. 그러나 여기서 밝혀두는 사실은, 제한된 지면 관계상 모든 청소년 설교 커뮤니케이션 문제를 다룰 수 없으므로 네 가지 문제점만을 살펴본다는 것이다. 그리고 그 대안 역시 지면상 가능한 모든 대안을 제시할 수 없으므로 설교자가 청소년 설교 전달 시 반드시 고려해야 할 몇 가지 중요한 요소만을 살펴본다.

2. 한국 교회 청소년 설교 전달 방법의 문제점

그럼 먼저 오늘날 한국 교회 청소년 설교자들이 직면한 전달 방법의 문제점들을 살펴보자. 청소년 설교자들은 하나님의 말씀을 청소년들에게 커뮤니케이션 할 때 어떤 문제점을 가지고 있을까?

오늘날 한국 교회의 설교자들은 청소년 설교 전달 방법 면에서 볼 때, 최소한 다음과 같이 네 가지 문제점을 가지고 있는 것처럼 보인다.

1) 말씀 전달을 위한 준비 부족

한국 교회 청소년 설교자들이 설교 전달 방법 면에서 직면한 가장 근본적인 문제점 중 하나는, 첫째로 '준비 부족'이다. 즉 오늘날 상당히 많은 설교자들이 적절한 준비 없이 청소년 설교 전달 현장으로 나서고 있다는 것이다.

  청소년 설교자들이 이처럼 준비 없이 설교 전달 현장으로 나서고 있다는 사실은 다음의 예를 통하여 쉽게 알 수 있다. 예를 들면, 필자가 "청소년 설교"라는 과목을 통하여 여러 해 동안 조사한 바에 따르면, 많은 청소년 설교자들이 청소년 설교에 대한 학습 없이 설교 현장으로 나간다. 그리고 이것은 설교 전달 방법 면에서도 마찬가지이다. 다시 말하면, 이들은 하나님의 말씀을 청소년들에게 바르게 전달하기 위한 준비의 기초인 청소년 설교나 전달 방법에 대한 기초적인 지식도 없이 설교 현장으로 나서고 있는 것이다.

  그렇다면 설교자들이 이처럼 말씀 전달을 위한 적절한 준비 없이 청소년 설교 현장으로 나서도 되는 것일까? 물론 타고난 기억력이나 전달 능력을 가진 사람은 설교 원고를 준비하는 과정에서 원고를 모두 암기할 수 있고, 또 선천적인 능력으로 말씀을 잘 전달할 수 있으므로 더 이상 준비가 필요하지 않을 수도 있다.

  그러나 대부분의 청소년 설교자들은 그렇지 않다. 설교 원고를 작성할 때와 마찬가지로, 설교 전달을 위해서도 철저한 준비를 해야 한다. 왜냐하면 보통 사람들은 여러 가지 필수적인 설교 전달 방법들 중 하나인 시선 접촉만을 위해서도 꾸준한 연습이 필요하고,[232] 또 정장복 교수가 말하는 것처럼 한 편의 설교를 100%로 상정할 때 내용이 차지하는 비율이 60%이고 전달이 차지하는 비율이 40%라

---

232) Hershael W. York and Bert Decker, *Preaching with Bold Assurance*,(《확신 있는 설교》, 신성욱 역, 서울: 생명의말씀사, 2008), 294-295.
233) 정장복, 《한국 교회의 설교학 개론》(서울: 예배와 설교 아카데미, 2001), 301.
234) 이진우, 《청소년 설교, 이렇게 하십시오》(서울: 한국문서선교회, 1999), 121.

는것[233])이 사실이라면, 청소년 설교자들은 설교 내용을 위해서와 마찬가지로 전달을 위해서도 철저히 준비해야 할 것이다. 우리의 청소년들 역시 이러한 준비 없는 설교자를 싫어하기 때문이다.[234])

그러므로 청소년 설교자들은 청소년들에게 하나님의 말씀을 온전히 전달하기 위하여 가능한 한 최선의 준비를 해야 한다.

2) 시선 접촉 없는 전달

한국 교회 청소년 설교자들이 직면한 전달 방법 면에서의 두 번째 문제점은, '시선 접촉 없는 전달'이다. 즉 청소년 설교자들이 하나님의 말씀을 청소년들에게 전할 때 청소년들의 눈을 바라보지 않는다는 것이다.

청소년 설교자들이 이처럼 시선 접촉 없이 말씀을 청소년들에게 전달하고 있다는 사실은 필자가 지난 10년 동안 청소년 설교를 강의하면서 수없이 경험한 바이다.

청소년 설교자들은 보통 세 가지 유형으로 청소년들을 바라보지 않고 설교한다. 첫째, 설교할 때 청소년들의 눈을 전혀 쳐다보지 않고 설교 원고만을 보는 형태이다. 둘째, 설교할 때 청소년들을 가끔 바라보지만 부족한 원고 소화로 인해 청소년들을 적절히 바라보지 못하는 형태이다. 셋째, 원고 소화도 되고 또 설교할 때 회중인 청소년들을 바라보아야 한다는 사실은 알지만, 청소년들을 바로 보지 못하고 청소년들의 머리 위 허공을 바라보는 유형이다.

그렇다면 청소년 설교자들은 이처럼 말씀을 전할 때 청소년들과의 시선 접촉이 없어도 되는 것일까? 그것은 당연히 그렇지 않다.

왜냐하면 설교자의 눈은 청소년들과 직접적인 접촉을 할 수 있는 중추 신경계의 유일한 기관으로서, 설교자의 마음을 청소년들의 마음에 글자 그대로 연결시켜 주기 때문이다. 그러므로 설교자가 시선 접촉에 실패할 경우 설교자의 말은 청소년들에게 별로 중요하지 않게 된다.[235]

결론적으로, 설교할 때 청소년들과의 시선 접촉이 부족한 설교자들은 속히 바람직한 시선 접촉을 회복해야 한다.

3) 부적절한 음성 사용

설교 전달 방법 면에서 볼 때 한국 교회 청소년 설교자들이 직면한 세 번째 문제점은, '부석설한 음싱 사용'이다.

아마도 이것은 대다수의 청소년 설교자들이 직면한 문제인 것처럼 보인다. 필자가 지난 10년간의 조사를 토대로, 청소년 설교자들의 부적절한 음성 사용의 예를 몇 가지 유형으로 나누어 분류해 보면 다음과 같다.

첫째, 책을 읽는 것처럼 시종일관 일정한 높이의 음성을 사용하여 설교하는 경우이다. 이런 설교자들은 보통 중음 높이의 음정을 일정한 속도로 끊임없이 반복한다.

둘째, 앞의 경우와 같이 일정한 높이의 음성을 계속하여 사용하나, 고음을 끊임없이 반복하는 경우이다. 이 경우는 보통 회중에 대

---

235) Hershael W. York and Bert Decker, op. cit., 291.

한 두려움 때문에, 불안정한 마음으로 시작부터 고음을 사용하는 경우이다. 이 경우 설교자는 내용적으로 볼 때 중요도가 낮은 서론적인 내용부터 고음을 사용함으로써, 결국 모든 내용을 고음으로 처리할 수밖에 없게 된다.

셋째, 저음, 중음, 고음 등 여러 가지 음정을 골고루 사용하지만, 일정한 음성 패턴이 반복되는 경우이다. 이 경우는 미시적으로는 음성의 고저장단이 적절하게 보이지만, 거시적으로는 같은 음성 패턴이 지루하게 반복되는 경우이다. 이런 경우 설교를 듣는 청소년들은 일시적으로는 설교자에게 집중하여 설교를 듣지만, 이내 동일하게 반복되는 음성 패턴 때문에 싫증을 느끼거나 집중력을 잃게 된다.

넷째, 설교 내용과 음정 사용이 일치하지 않는 경우이다. 이런 경우는 설교 내용이 다양한 의미의 단어와 문장들로 구성되어 있기 때문에 그 종류가 수없이 많다. 하지만 이것들의 공통점은 내용과 그 내용을 표현하는 음정이 부적절해 보인다는 점이다.

오늘날 한국 교회의 청소년 설교자들은 위에서 살펴본 것처럼 음성 사용면에서 여러 가지 부적절한 모습들을 드러내고 있는 것처럼 보인다.

그렇다면 설교자들은 이처럼 부적절한 음성 사용으로 설교 내용을 청소년들에게 전달해도 되는 것일까? 그것은 전혀 그렇지 않은 것처럼 보인다. 왜냐하면 일정한 높이의 음정으로 설교문을 읽는 것은 통상 커뮤니케이션의 생생한 느낌을 없애고,[236] 또 듣는 사람의 주의를 끌거나 붙잡기 위해서는 적절하면서도 다양한 음성 사용

의 변화가 필요하기 때문이다.[237]

결론적으로, 한국 교회 청소년 설교자들은 부적절한 음성 사용의 길을 버리고, 좀더 나은 설교 커뮤니케이션을 위하여 더욱 적절하고 설득력 있는 음성 사용 방법을 탐구해야 한다.

4) 과도한 시청각 자료 의존

마지막으로 청소년 설교자들의 전달 방법 면에서의 문제점을 한 가지만 더 든다면, '시청각 자료에 대한 과도한 의존'이다. 특별히 이러한 경향은 최근 들어 과도한 영상 자료의 사용으로 나타나고 있는 것으로 보인다.

그렇다면 설교에서 영상 자료나 시청각 자료의 과도한 사용은 무엇이 문제인가? 물론 설교자들이 설교 내용을 특별한 시청각 자료들과 연결 지어 말하면, 청소년들은 그러한 자료들을 볼 때마다 설교의 내용을 회상하게 되고,[238] 또 메시지가 단순히 귀로 들릴 때보다 더 신선하거나 효과적으로 전달될 수 있다.[239]

하지만 청소년 설교자들이 설교할 때 시청각 자료나 영상 자료 등을 지나치게 사용할 경우 다음과 같은 몇 가지 문제점들이 발생

---

236) Haddon W. Robinson, *Biblical Preaching: The Development and Delivery of Expository Messages*(Grand Rapid: Baker Book House, 2001), 185.
237) Jerry Vines and Jim Shaddix, *Power in the Pulpit: How to Prepare and Deliver Expository Sermons*(Chicago: Moody Press, 1999), 313-323.
238) Carolyn C. Brown, *You Can Preach to the Kids Too: Designing Sermons for Adults and Children*(Nashville: Abingdon Press, 1997), 88.

할 수 있다.

첫째, 설교를 들은 청소년들에게 하나님의 말씀이 전달되는 것이 아니라 영상이나 시청각 자료의 잔상만이 각인될 수 있다. 왜냐하면 구두로 전달된 메시지는 쉽게 잊혀지지만, 영상 자료나 시청각 자료의 영상은 청소년들의 뇌리에 남아 오래도록 영향을 미치기 때문이다.

둘째, 시청각 자료나 영상 자료의 지나친 사용은 설교자의 정체성을 약화시키고, 결국 청소년 설교를 설교자가 배제된 비인격적인 것으로 몰아갈 가능성이 있다. 하지만 이것은 간과될 수 없는 부정적인 측면이다. 왜냐하면 필립스 브룩스가 지적한 대로, 설교에서 인격성은 본질적인 요소이며,[240] 그래서 청소년 설교는 청소년 설교를 위하여 특별하게 부름 받은 설교자를 요청하고 있기 때문이다.[241]

셋째, 청소년들에게 말씀을 전하는 설교자의 뜻과 다른 다양한 해석이 양산될 수 있다. 왜냐하면 일반적으로 영상 자료나 시청각 자료의 영상이란 복합적인 이미지나 복선이 깔린 메시지를 담고 있으며, 또 그 영상을 해석하고 그 안에 담겨 있는 메시지를 찾는 것은 보통 시청자들의 몫이기 때문이다.[242]

결론적으로, 청소년 설교자들은 영상 자료나 시청각 자료의 한계와 위험성을 직시하고, 하나님께서 청소년들에게 전하라고 주신 메시지를 왜곡하지 않는 범위 안에서 이러한 자료들을 사용해야 할

---

239) J. Daniel Baumann, *An Introduction to Contemporary Preaching*(《현대 설교학 입문》, 정장복 역, 서울: 도서출판 엠마오, 1991), 117-118.
240) Phillips Brooks, *On Preaching*(New York: The Seabury Press, 1964), 5.
241) 김금용, "청소년 설교의 한 정의", 〈신학이해〉 제25집(2003년 5월), 275-276.

것이다. 시청각 자료나 영상 자료들을 너무 지나치게 의존함으로써 청소년들을 하나님의 말씀에 대한 잘못된 해석의 길로 안내해서는 안 될 것이다.

3. 청소년 설교 전달시 고려해야 할 요소들

그렇다면 한국 교회의 청소년 설교자들은 위에서 제시된 문제점들을 극복하기 위하여 어떻게 해야 할까? 어떻게 하면 천하보다 귀한 하나님의 말씀을 청소년들에게 정확하면서도 효과적으로 전달할 수 있을까? 아마도 청소년 설교자들은 자신이 처한 위치에 따라서 다양한 방법들을 생각해 볼 수 있을 것이다.

하지만 여기서 각각의 청소년 설교자들이 전달 방법 면에서 직면할 수 있는 모든 문제점들을 극복할 수 있는 가능한 모든 방법들을 제시하는 것에는 한계가 있다. 또 하나님의 말씀을 청소년들에게 효과적이면서도 정확하게 전달하기 위하여 필요한 모든 전달 요소들을 살펴보는 것도 한계가 있다.

그러므로 여기서는 모든 청소년 설교자들이 설교의 대상인 청소년들에게 하나님의 말씀을 전할 때 반드시 잊지 않고 기억해야 할 몇 가지 전달 요소만을 살펴본다. 청소년 설교 전달 요소들은 바우만(J. Daniel Baumann)이 잘 구분한 것처럼, 보통 크게 두 가지 영역

---

242) 주승중 편역,《영상 세대를 향해 이렇게 설교하라》(서울: 예배와 설교 아카데미, 2004), 86.

으로 구분된다. 즉 '언어적인 전달' 영역과 '비언어적인 전달' 영역이다.[243]

여기서는 청소년 설교 전달 요소들을 언어적인 전달 요소와 비언어적인 전달 요소들로 나누어 살펴본다.

1) 언어적인 전달 요소

보통 '언어'라 함은 사전적으로 "음성 또는 문자를 수단으로 하여 사람의 사상, 감정을 표현하고 의사를 전달하는 수단과 체계"[244]를 통칭하여 말한다. 하지만 여기서는 설교의 전달 면에만 초점을 맞추어 말하고 있기 때문에 주로 문자보다는 입으로 표현되는 말을 의미한다.

그렇다면 이러한 언어적인 전달(verbal delivery) 요소에는 어떤 것들이 있을까? 청소년 설교자들은 언어로 하나님의 말씀을 청소년들에게 전할 때, 최소한 다음 세 가지만은 반드시 고려해야 할 것이다.

(1) 발음

구두(口頭)로 하나님의 말씀을 청소년들에게 전할 때 설교자들이 가장 먼저 고려해야 할 점은, 아마도 발음일 것이다. 즉 청소년 설교자들은 "나라의 표준적인 발음을 습득하여"[245] '분명하고도 정확한 발음'으로 설교 내용을 청소년들에게 전달해야 한다. 왜냐하면

---

243) J. Daniel Baumann, op. cit., 261-273.
244) 민중서림 편집국 편, 《민중 엣센스 국어사전》(서울: 민중서림, 2002), 1723.

발음이 분명하지 않으면, 설교 내용이 아무리 훌륭하다고 하더라도 청소년들에게 정확하게 전달될 수 없기 때문이다.

하지만 우리는 설교 현장에서 너무나 자주 발음이 분명하지 못한 청소년 설교자들을 만난다. 특별히 매우 많은 청소년 설교자들이 문장의 끝부분을 정확하게 발음하지 않는 것을 보게 된다. 그렇다면 설교자들은 왜 이처럼 부정확한 발음으로 청소년들에게 말씀을 전하는 것일까? 아마도 여기에는 최소한 다음과 같은 네 가지 이유가 있다고 본다.

첫째, 설교자가 본래 가지고 있는 분명하지 않은 발음 습관 때문이다. 이것은 선천적인 것일 수도 있고, 또 후천적인 것일 수도 있다.

둘째, 대인 공포증이나 극단적으로 내성적인 성격 때문이다. 즉, 청중에 대한 두려움이 더듬거림이나 부정확한 발음으로 나타나는 것이다.

셋째, 말의 속도가 너무 빠르기 때문이다. 설교자들은 보통 자연스러우면서도 정확하게 발음할 수 있는 자신들만의 속도를 가지고 있다. 하지만 어떤 이유로 이러한 속도를 초과하게 될 때 발음에 이상이 발생하게 된다. 일정한 속도 이내에서만 정확하게 발음할 수 있도록 숙달된 발성 기관이 빠른 속도에 적응하지 못함으로 인해 부정확한 발음이 야기되는 것이다.

넷째, 설교 전달을 위한 준비 부족 때문이다. 설교자가 토요일 늦은 밤까지 완성하지 못한 설교 원고를 주일 아침에 정확하고 분명

---

245) James W. Cox, *Preaching*(《설교학》, 원광연 역, 고양: 크리스챤다이제스트, 1999), 305.

한 발음으로 청소년들에게 설교하는 것은 쉬운 일이 아닌 것이다.

그렇다면 청소년 설교자들은 이런 발음상의 문제점들을 어떻게 극복할 수 있을까? 설교자들이 정확하고 분명한 발음을 갖기 위해서는 어떻게 해야 할까? 만일 어떤 청소년 설교자가 발음에 어려움을 느끼고 있다면, 그는 다음 네 가지 방법들을 고려해 볼 필요가 있다.

첫째, 설교 원고를 작성하기 전에 미리 단어나 문장들을 발음해 보는 것이다.

다시 말하면, 설교자가 먼저 설교 문장들을 발음해 보고, 설교자가 쉽게 발음할 수 있는 단어나 문장들로 설교 내용을 구성하는 것이다. 설교자는 설교 원고를 작성하기 전에 미리 문장이나 단어를 발음해 봄으로써 자신이 발음할 수 없는 말을 발음할 수 있는 쉬운 말로 대체할 수 있는 것이다.

둘째, 설교할 때 설교자 자신만의 적정 속도를 유지하는 것이다.

평상시 자신만의 적정 속도 내에서는 정확한 발음을 구사하던 설교자도 말의 속도를 높이면 정확한 발음을 구사하기 어렵다. 그러므로 설교자가 정확한 발음을 원한다면 당연히 자신만의 속도를 유지해야 한다. 물론, 여기서 설교자들은 꾸준한 연습을 통하여 자신의 적정 속도를 높일 수 있다.

셋째, 설교단에 과거의 내가 아니라 설교자로 부름 받아 새롭게 거듭난 '나'를 세우는 것이다.

우리가 이미 잘 아는 대로, 누구나 청소년 설교자가 되기 위해서는 하나님으로부터 부르심을 받아야 하고, 또 철저한 훈련을 통하여 하나님의 말씀의 전달자로서 새롭게 거듭나야 한다.[246] 여러 가지 면에서 설교단은 과거의 나를 세울 수 없는 곳이고 또 서서도 안 될 곳이다. 왜냐하면 설교단에 선 나는 나의 생각과 뜻을 말하는 사람이 아니라 오직 거룩하시고 위대하신 하나님의 말씀만을 전하는 말씀의 전달자일 뿐이기 때문이다.

이것은 대인 공포증이나 극단적으로 내성적인 성격을 가진 사람에게도 똑같이 적용된다. 그가 만일 하나님으로부터 부름 받아 청소년 설교자가 되었다면, 그는 당연히 과거의 자신을 버리고 하나님의 말씀의 전달자로서 새롭게 거듭난 새로운 자아를 입어야 한다. 그리고 설교단에 설 때에도 말씀의 전달자로서의 새로운 자의식(自意識)을 가지고 서야 한다. 또 말씀을 전할 때에도 전적으로 성령 하나님의 도우심을 의지해야 한다.

그리하면 그는 말씀의 전달자로 새롭게 거듭난 자아로 인하여, 또 당신의 말씀의 도구를 사용하시기 위하여 역사하시는 성령 하나님의 능력으로 인하여,[247] 청소년들에게 하나님의 말씀을 담대하고도 분명하게 전하게 된다.

넷째, 평소에 정확한 발음을 연습하는 것이다.

즉 매일매일 소리 내어 글을 읽고, 또 자신의 글 읽는 소리를 들음으로써 발음을 교정하는 것이다. 사실 청소년 설교자가 자신의 발음을 교정하기 위해서는 평소의 발음 연습만큼 중요한 것은 없다. 발음이 부정확한 설교자들은 발음 연습을 통하여 자신의 발음

---

246) 김금용, "청소년 설교자의 자격에 대한 한 연구", 〈신학이해〉제35집(2008년 7월), 168-175.
247) 정장복 외, 《설교학 사전》(서울: 예배와 설교 아카데미, 2004), 1091-1092.

을 교정할 수 있다. 설교자들의 이러한 발음 연습을 통한 발음 교정은 필자가 지난 10여 년 동안 학생들을 지도하면서 충분히 경험하고 목도한 바이다. 처음에는 부정확하고 어눌한 발음을 하던 대부분의 학생들이, 매일매일의 발음 연습을 통하여 정확하고 분명한 발음을 구사하게 되었다. 그래서 필자는 지금도 이러한 발음 교정을 위하여 필자가 강의하는 모든 과목에 '매일매일 소리 내어 성경 읽기' 과제물을 부여한다.

(2) 속도(Rate)

청소년 설교자들이 청소년들에게 말씀을 전할 때 언어적인 측면에서 고려해야 할 또 하나의 중요한 항목은 '속도'이다. 즉 청소년 설교자들은 설교 내용에 맞는 적절한 속도로 말씀을 전해야 하는 것이다. 켄 데이비스(Ken Davis)에 따르면, 신중하고 잘 조절된 속도의 전달은 자신감과 확신을 전달하고 또 청중의 주의를 훨씬 더 효과적으로 붙잡지만, 너무 빠르게 말하는 것은 청중이 말이나 요점을 놓치게 만든다.[248] 그러므로 청소년 설교자들은 말씀을 전할 때 항상 적절한 속도를 유지해야 한다.

그렇다면 설교자들은 적절한 속도를 유지하기 위하여 어떻게 해야 할까? 설교의 속도를 적절하게 유지한다는 것은 일정한 속도로 설교하는 것을 말하는 것일까? 물론 설교자가 적절한 속도로 설교한다는 의미는 시종일관 일정한 속도를 유지하는 것을 의미하지는

---

248) Ken Davis, *How to Speak to Youth and Keep them Awake at the Same Time*(Grand Rapids: Zondervan Publishing House, 1996), 146.

않는다. 그렇다면 그 의미는 무엇일까? 이것은 청소년 설교자가 설교할 때 다음 네 가지 경우를 내용에 맞게 자유롭게 사용하는 것을 의미한다.

첫째, 느린 속도로 설교하는 것이다.

물론 여기서 느린 속도로 설교한다는 의미는 설교 전체를 느리게 설교하는 것을 의미하지는 않는다. 왜냐하면 청소년 설교를 시종일관 느리게 하면 여러 가지 부작용이 발생할 수 있기 때문이다. 예를 들면, 찰스 스펄전은 이렇게 말한다.

> 너무 느리게 말하는 것도 딱한 노릇으로, 마음의 활동이 빠른 청중은 이것을 '지긋지긋한 일'이라고 부른다. 5리도 못 되는 거리를 한 시간씩이나 엉금엉금 기어가는 식의 연설은 아무래도 들어 줄 수 없다. 오늘 한마디 하고 내일 또 한마디 하는 것은 순교자들이나 좋아할 만큼 더디게 타는 불이다.[249]

즉 설교자가 시종일관 느릿느릿하게 말하면, 청중인 청소년들은 설교를 지긋지긋한 것으로 느낄 수 있다. 그러므로 청소년 설교자들은 청소년들이 지긋지긋하게 느낄 정도로 설교를 느리게 계속해서는 안 된다.

하지만 한 편의 청소년 설교에는 반드시 다수의 느린 부분이 포함되어야 한다. 중요한 내용을 천천히 정확하게 주지시키기 위해

---

249) Charles H. Spurgeon, *Lectures to my Students Vol. I*(《목회자 후보생들에게 1권》, 이종태 역, 서울: 생명의말씀사, 2000), 209.

서, 또 빠르고 긴장감 있게 진행되던 설교에 변화를 주기 위해서 등등, 여러 가지 이유로 천천히 느리게 설교되는 부분이 있어야 한다.

둘째, 설교자들이 중속(中速)으로 설교하는 것이다.

물론 여기서 중속이란 설교자에 따라서 다를 수도 있고, 또 속도를 편의상 느린 속도, 빠른 속도, 중간 속도 세 부분으로 구분할 때 중간 정도의 속도를 말하는 것이다. 청소년 설교자들은 설교의 많은 부분을 이 중속으로 행해야 한다.

셋째, 빠른 속도로 설교하는 것이다.

물론 여기서 빠른 속도로 설교한다는 의미는 앞에서 언급한 저속이나 중속에서와 마찬가지로, 모든 설교 내용을 빠른 속도로 설교한다는 말은 아니다. 단지 설교의 클라이맥스 부분이나 내용 중 빠른 속도로 말해야 할 부분을 발굴하여 빠른 속도로 설교하는 것이다.

하지만 여기서 분명히 기억해야 할 점은, 빠른 속도로 설교하는 부분이 너무 많아서는 안 된다는 점이다. 왜냐하면 앞에서 데이비스가 지적한 것처럼, 너무 빠르게 말하면 청중은 요점을 놓칠 수 있기 때문이다. 또 찰스 스펄전의 다음의 말처럼 여러 가지 부작용이 발생할 수 있기 때문이다. 그러므로 자신의 설교 속도가 빠르다고 생각되는 청소년 설교자들은 스펄전의 다음의 말을 기억할 필요가 있다.

> 미친 듯이 말하며 속사포를 쏘는 것도 도무지 용서할 수 없다. 그런 것은 백치들을 상대로 할 때가 아니고서는 효력을 발휘하지 않으며, 그

것이 당연하다. 그런 속사포는 질서 정연한 군대를 오합지졸로 만들어 버리는 처사요, 소리의 홍수에 의미를 빠뜨려 죽이는 데 특효약이다.[250]

넷째, 다양한 속도로 설교하는 것이다.

즉, 설교의 속도에 다양한 변화를 주는 것이다. 다시 말하면, 앞에서 언급한 느린 속도, 중간 속도, 빠른 속도를 다양하게 사용하여 변화를 주는 것이다. 설교자들은 이러한 변화를 통하여 설교의 시작부터 끝까지 청중인 청소년들을 사로잡아야 한다. 왜냐하면 어떤 속도의 말도 일정 시간 계속되면 청소년들의 마음을 사로잡을 수 없기 때문이다. 또 비슷한 속도가 계속되면 청소년들은 이내 싫증을 느끼게 되고, 곧 설교에 대한 집중력을 잃게 되기 때문이다.

그러므로 청소년 설교자들은 청소년들이 설교에 집중하고 또 긴장감을 잃지 않도록 설교의 속도에 끊임없이 다양한 변화를 주어야 한다.

결론적으로, 모든 청소년 설교자들은 설교의 속도와 관련하여 요크(Hershael W. York)와 데커(Bert Decker)의 다음의 말을 기억할 필요가 있다.

> 단조로움이 적이라는 사실을 기억하라.[251]

(3) 음정

청소년 설교자들이 말씀을 전할 때 언어적인 측면에서 고려해야

---

250) Ibid., 209.

할 세 번째 항목은 아마도 '음정'인 것처럼 보인다.

즉 앞에서 다룬 속도와 마찬가지로, 설교자들은 말씀을 전할 때 음정을 설교의 내용에 맞게 적절히 사용해야 한다. 필자의 경험에 의하면, 많은 설교자들은 설교 시 내용에 걸맞은 적절한 음정을 사용하지 못한다. 특별히 청소년 설교자들처럼 설교 경험이 부족한 설교자들의 경우 내용에 맞는 다양한 음정을 적절히 사용하지 못한다. 예를 들면, 어떤 설교자는 처음부터 끝까지 고음만을 사용하며, 또 어떤 청소년 설교자는 처음부터 끝까지 속삭이듯이 저음만을 사용한다.

하지만 이러한 일률적인 음정 사용은 반드시 고쳐져야 할 설교 전달 습관이다. 왜냐하면 정장복 교수가 지적한 것처럼, 인간의 귀는 어느 일정한 음정에 고착되기를 거부하기 때문이다. 인간의 살아 움직이는 본성은 정지된 상태를 거부하기 때문이다.[252] 그러므로 청소년 설교자들은 하나님의 말씀을 청소년들에게 전할 때 다양한 음정을 적절히 사용해야 한다.

그렇다면 청소년 설교자들은 청소년들에게 한 편의 설교를 선포할 때, 어떤 음정들을 어떻게 사용해야 할까? 설교자들은 하나님의 말씀을 청소년들에게 전달할 때 여러 가지 음정들을 최소한 다음과 같이 사용해야 한다.

첫째, 청소년 설교자들은 한 편의 설교에서 다수의 저음을 사용

---

251) Hershael W. York and Bert Decker, *Preaching with Bold Assurance*(《확신 있는 설교》, 신성욱 역, 서울: 생명의말씀사, 2008), 313.
252) 정장복,《설교 전달의 클리닉》(서울: 예배와 설교 아카데미, 2003), 115.

해야 한다.

물론 여기서 사용되는 저음은 비록 저음일지라도 발음이 분명하여 청소년들에게 설교 내용을 명확하게 전달하는 저음이어야 한다. 설교자들은 이러한 저음을 설교의 내용에 따라서 짧게 또는 연속적으로 길게 사용해야 한다. 예를 들면, 청소년 설교자들은 설교의 시작 부분을 차분하게 저음으로 시작할 수 있다. 그러므로 블랙우드(Andrew Watterson Blackwood)는 설교의 시작 부분의 저음 사용에 대하여 설교자들에게 다음과 같이 말한다.

> 지금까지의 것 중에서 가장 중요한 것은 시작하는 말들에 대하여 주의를 기울이는 것이다. 그것들을 신중하고, 명확하게, 그리고 당신에게 자연스럽게 나오는 가장 낮은 소리로 말하라.[253]

둘째, 청소년 설교자들은 중음을 사용할 줄 알아야 한다.

특별히 설교자들은 다수의 중음을 잘 사용할 줄 알아야 한다. 왜냐하면 한 편의 설교는 보통 중음을 통하여 안정적이면서도 비교적 정확하게 청소년들에게 전달되기 때문이다. 그러므로 청소년 설교자들은 설교 내용이 역동적으로 전달되도록 하기 위하여, 한 편의 설교에서 다수의 고음이나 저음을 사용할 수 있지만, 대부분의 내용은 상대적으로 안정적이고 명확한 중음을 통해서 선포해야 한다. 예를 들면, 선포되는 주된 메시지들의 근거인 본문 말씀을 설교 중

---

253) Andrew Watterson Blackwood, *The Preparation of Sermons*(New York: Abingdon-Cokesbury Press, 1948), 208.

에 안정적이고 명확한 중음으로 침착하게 선포해야 한다.

셋째, 설교자들은 고음을 사용할 줄 알아야 한다.

물론 설교자들은 존 A. 브로더스가 말했던 것처럼, 설교의 시작부터 고음을 사용해서는 안 된다.[254] 또 음정이 고음으로 고정된 상태에서 오랫동안 이어져서는 안 된다.[255] 왜냐하면 비교적 중요도가 낮은 서론적인 부분부터 고음을 사용하다 보면 낮은 음을 쓸 기회를 찾기 어렵고, 또 고음이 지속적으로 계속되면 호소력을 잃게 되어 어떤 효과도 얻을 수 없기 때문이다.

하지만 그럼에도 불구하고 청소년 설교자들은 필요한 곳에서는 고음을 사용해야 한다. 예를 들면, 설교자들은 고음을 사용함으로 중요한 단어나 문장을 강조할 수 있다. 또 각각의 설교의 클라이맥스 부분을 고음을 사용함으로써 적절히 표현할 수 있다.

넷째, 설교자들은 한 편의 설교에서 여러 가지 음정들을 골고루, 또 변화 있게 사용할 줄 알아야 한다.

왜냐하면 음정의 변화가 없는 단조로운 소리는 우리를 졸리게 하거나 같은 음표를 쾅쾅거리며 피아노를 연주하는 아이처럼 우리를 서서히 지치게 만들기 때문이다.[256] 그러므로 청소년 설교자들은 설교에서 다양한 음정을 내용에 맞게 골고루 사용할 줄 알아야 한다. 예를 들면, 하나의 큰 산에는 들어가는 입구, 중턱, 계곡, 작은 봉우리, 또 큰 봉우리 등등이 있는 것처럼, 한 편의 청소년 설교에

---

254) John A. Broadus, *On the Preparation and Delivery of Sermons*(New York: Harper & Row, Publishers, 1979), 287
255) 정장복, 《한국 교회의 설교학개론》(서울: 예배와 설교 아카데미, 2001), 319.
256) Haddon W. Robinson, *op. cit.*, 216.

여러 가지 높이의 음정을 내용에 맞게 골고루 배치해야 한다.

그리고 이때 청소년 설교자들이 반드시 기억해야할 사실은, 동일한 음정 패턴이 반복되어서는 안 된다는 점이다. 왜냐하면 동일한 음정 패턴 역시 동일 음정 사용과 마찬가지로 청소년들을 쉽게 지치거나 졸리게 만들기 때문이다. 장두만은 이 점에 대하여 다음과 같이 잘 말하고 있다.

> 낮은 음성만으로 설교한다든지, 높은 음성만으로 설교한다든지 하는 것과 꼭 같은 정도로 바람직하지 못한 것은, 동일한 패턴을 반복하는 것이다. 음성의 고저가 있기는 분명히 있는데, 똑같은 패턴이 계속해서 반복되는 경우가 있다. 말하자면 123454321-123454321 같은 식이다.……설교자는 그 음성이 고저를 예측할 수 없을 정도로 변화무쌍하게 사용해야 된다. 필요하다면 갑자기 높이고, 또 필요하면 갑자기 낮추어야지, 그 변화에 일정한 패턴이 있어서는 안 된다.[257]

옳은 말이다. 설교자들은 동일한 음정 패턴을 반복할 것이 아니라, 변화무쌍하게 설교해야 한다.

결론적으로, 설교자들은 청소년들에게 하나님의 말씀을 전할 때, 저음, 중음, 고음 등등을 다양하면서도 변화 있게 사용해야 한다. 다시 말하면, 설교의 바뀌는 분위기와 의미를 반영하여 활기차면서도 자연스럽게 말씀을 전함으로 음정 사용에 적절한 변화를 주어야 한다.[258]

---

[257] 장두만,《다시 쓰는 강해 설교 작성법》(서울: 요단출판사, 2002), 266.

2) 비언어적인 전달 요소들

그렇다면 위에서 언급된 언어적인 전달 요소들 외에 설교자들이 청소년들에게 말씀을 전할 때 고려해야 할 요소들은 없을까?

청소년 설교자들은 언어적인 전달 요소들과 마찬가지로 여러 가지 비언어적인 전달(nonverbal delivery) 요소들에도 지대한 관심을 기울여야 한다. 왜냐하면 로빈슨(Haddon W. Robinson)의 말처럼, 어떤 관찰자도 우리가 말을 하고 있지 않을 때에도 메시지를 전하고 있다는 사실을 진정으로 부인할 수 없기 때문이다.[259]

버드휘스텔(Ray L. Birdwhistell)에 따르면, 두 사람 사이의 통상적인 대화 속에서 말이 전달하는 사회적 의미는 35% 이하이고, 나머지 65% 이상은 비언어적인 형태로 전달된다.[260] 또 앨버트 메라비언(Albert Mehrabian)에 의하면, 메시지의 총체적인 결과는 7%의 말을 통한 전달과 38%의 소리를 통한 전달, 그리고 55%의 얼굴로 전한 메시지의 합이다.[261]

결국 말씀의 커뮤니케이션에 있어서 비언어적인 전달 요소들은 언어적인 전달 요소들과 마찬가지로 중요한 커뮤니케이션 요소들인 것이다. 그러므로 청소년 설교자들은 하나님의 말씀을 청소년들에게 전할 때 언어적인 요소들과 마찬가지로 비언어적인 요소들에

---

258) H.C. Brown, Jr. et al., *Steps to the Sermon: An Eight-Step Plan for Preaching with Confidence*, Revised(Nashville: Broadman & Holman Publishers, 1996), 203.
259) Haddon W. Robinson, op. cit., 202.
260) Myron R. Chartier, *Preaching As Communication: An Interpersonal Perspective*(Nashville: Abingdon, 1981), 79.

도 큰 관심을 기울여야 한다.

그렇다면 청소년 설교자들이 고려해야 할 비언어적인 전달 요소들에는 어떤 것들이 있을까? 청소년 설교자들은 하나님의 말씀을 청소년들에게 전할 때 비언어적인 전달 면에서 최소한 다음 몇 가지 요소들에 특별한 주의를 기울여야 할 것이다. 그럼, 이제 그 몇 가지 요소들을 차례로 살펴보자.

(1) 시선 접촉

청소년 설교자들이 말씀을 전할 때 가장 먼저 고려해야 할 비언어적인 요소는 시선 접촉(eye contact)이다. 즉 설교자들은 청소년들에게 말씀을 전할 때 청소년들의 눈을 바라보며 설교해야 한다.

그렇다면 왜 설교자들은 청소년들의 눈을 바라보며 설교해야 하는가?

그것은 첫째, 설교자가 청소년들의 눈을 바라보지 않고 피하면 청소년들이 설교자를 신뢰하지 않을 수 있기 때문이다. 로빈슨에 따르면, 사람들은 시선 접촉을 피하는 사람을 신뢰하지 않는다.[262] 하지만 설교는 인격적인[263] 커뮤니케이션이기 때문에 당연히 신뢰를 바탕으로 한다. 그러므로 청소년 설교자들은 말씀을 전할 때 청소년들에게 신뢰감을 심어 주기 위해서 반드시 청소년들의 눈을 바라보며 설교해야 한다.

---

261) J. Daniel Baumann, op. cit., 263.
262) Haddon W. Robinson, op. cit., 212.
263) Phillips Brooks, On Preaching(《설교론 특강》, 서문강 역, 서울: 크리스챤다이제스트, 2001), 18-39.

둘째, 설교자가 말씀을 전할 때 청소년들의 눈을 바라보며 설교해야 하는 이유는, 시선 접촉을 통하여 회중인 청소년들의 반응을 살필 수 있기 때문이다. 그리고 이러한 관찰을 통하여 전달 방법에 적절한 변화를 줄 수 있기 때문이다. 중요한 커뮤니케이션 모델들 중 하나인 샤논-위버(Shannon-Weaver) 모델에 따르면, 성공적인 커뮤니케이션을 위해서는 피드백이 필수적인 과정이다.[264]

그럼 청소년 설교 현장에서 피드백은 언제 가능할까? 그것은 설교자가 설교 중에 시선 접촉을 통하여 청소년들의 피드백 내용을 읽을 때 가능하다. 그러므로 청소년 설교자들은 말씀을 전할 때 가능한 한 청소년들의 눈을 바라보며 설교해야 하는 것이다.

그렇다면 설교자들은 설교할 때 청소년들을 어떻게 바라보아야 할까? 어떻게 청소년들을 바라보면 적절한 시선 접촉이 되는 것일까?

먼저, 설교자들은 청소년들을 한 명 한 명 골고루 바라보아야 한다. 가능한 한 한 명의 청소년도 소외감을 느끼지 않도록 골고루 바라보아야 한다. 왜냐하면 사랑이신 하나님(요일 4:8)은 한 명의 청소년도 당신의 말씀으로부터 소외되는 것을 원치 않으시기 때문이다.

둘째, 설교자는 특정 청소년을 필요 이상으로 길게 바라보아서는 안 된다. 왜냐하면 특정 청소년을 너무 길게 바라보면 그 청소년이 불편함을 느낄 수도 있고,[265] 또 여러 가지 오해가 발생할 수도

---

264) Merrill R. Abbey, *Communication in Pulpit and Parish*(Philadelphia: The Westminster Press, 1976), 29-30.

있기 때문이다.

셋째, 설교자가 청소년을 바라볼 때에는 한 명에 1~2초 정도가 적당하다. 물론 여기서 우리는 요크와 데커의 주장처럼 한 사람을 5초에서 10초 정도 바라볼 수도 있다.[266] 하지만 특별한 경우가 아니라면 이 시간은 너무 긴 것처럼 보인다. 왜냐하면 설교자가 바라보아야 할 청소년들은 많고, 또 설교자가 한 명의 청소년을 한번에 오래 바라보는 것보다 짧게 자주 보는 것이 더 효과적이기 때문이다. 그래서 로빈슨은 말한다.

> 설교 내내 시선 접촉을 계속하여라. 한 번에 한 사람과 1~2초 동안 말하여라. 그 사람의 눈을 보라. 그 후에 누군가 다른 사람을 바라보라.[267]

넷째, 설교자의 시선의 움직임은 급격한 것보다는 점진적으로 천천히 자연스럽게 움직이는 것이 좋다. 왜냐하면 시선을 너무 급격하게 움직이면 경박스럽게 보이거나, 청소년들에게 불안감을 야기할 수 있기 때문이다.

다섯째, 설교자는 청소년들을 바라볼 때 몸의 움직임 없이 눈동자나 목만을 돌려서는 안 된다. 왜냐하면 우스꽝스러운 자세나 부자연스러운 자세가 아닌, 누가 보아도 완전하신 하나님의 말씀을 바른 자세로 전달하기 위해서는, 눈동자와 더불어 목과 몸이 함께

---

265) Hershael W. York and Bert Decker, op. cit., 293.
266) Ibid.
267) Haddon W. Robinson, op. cit., 212.

움직여야 하기 때문이다.

여섯째, 설교자는 특별한 이유 없이 회중인 청소년들의 머리 위 허공을 바라보아서는 안 된다. 왜냐하면 청소년 설교자가 설교 시간에 바라보아야 할 대상은 하늘에 계신 하나님이 아니라 설교자를 바라보고 있는 청소년들이기 때문이다.

결론적으로, 청소년 설교자들은 하나님의 말씀을 청소년들에게 전할 때 비언어적인 요소들 중에서 무엇보다도 먼저 시선 접촉에 주의를 기울여야 한다. 즉 설교자들은 설교자의 중추신경계 중 다른 사람과의 직접적인 접촉이 가능한 눈을 통하여, 다시 말하면 설교자의 마음을 청소년들의 마음에 글자 그대로 연결시켜 주는 눈[268]을 통하여, 하나님의 말씀이 청소년들에게 잘 전달될 수 있도록, 가능한 한 시선 접촉에 최선을 다해야 할 것이다.

(2) 제스처

청소년 설교자들이 청소년들에게 말씀을 전할 때 비언어적인 측면에서 고려해야 할 또 하나의 중요한 요소는 '제스처'이다. 즉 설교자들은 하나님의 말씀을 청소년들에게 전할 때 적절한 제스처, 즉 내용에 맞는 몸짓을 통하여 메시지를 좀더 효과적으로 설득력 있게 전해야 한다.

그럼 왜 설교자들은 청소년들에게 말씀을 전할 때 제스처를 사용해야 하는가? 여기에는 다음과 같은 몇 가지 이유가 있다.

첫째, 설교자는 제스처를 사용함으로써 설교 내용을 청소년들에

---

268) Hershael W. York and Bert Decker, *op. cit.*, 291.

게 좀더 강하고 확실하게 전달할 수 있기 때문이다.

차티어(Myron R. Chartier)에 따르면, 비언어적인 커뮤니케이션은 언어적인 메시지를 강조하는 역할을 한다. 그리고 보통 머리나 손의 동작들은 언어적 커뮤니케이션을 강조하기 위해 사용된다.[269] 즉 설교 커뮤니케이션에 있어서 머리나 손의 동작들, 즉 제스처는 설교 내용을 강하고 확실하게 강조하는 중요한 도구인 것이다. 그러므로 설교자들은 청소년들에게 말씀을 전할 때, 그 내용을 좀더 확실하고 강하게 전달하기 위해서 제스처를 사용할 필요가 있다.

예를 들면, 설교자는 "청소년 여러분! 우리 모두 확실하고 굳건한 믿음을 가집시다"라는 내용을 청소년들에게 좀더 강하고 확실하게 호소하기 위하여, 같은 내용을 주먹을 불끈 쥐고 말할 수 있다.

둘째, 청소년 설교자는 제스처를 통하여 음성 메시지의 내용을 보충할 수 있기 때문이다.

때때로 우리는 다른 사람과 말하는 중에 말로 표현하기에는 충분하지 않은 어떤 내용을 만난다. 그리고 그때 자연스럽게 손동작을 하고, 또 여러 가지 제스처를 취한다. 그래서 말로 불충분하게 표현된 어떤 내용을 보충한다. 그런데 이런 일은 청소년 설교 현장에서도 자주 발생한다. 그때 청소년 설교자는 말로 표현하기에 부족한 설교 내용을 제스처를 통하여 보충할 수 있는 것이다.

셋째, 설교자는 청소년들에게 제스처를 통하여 자신의 감정을 더 잘 전달할 수 있기 때문이다.

브로더스에 의하면, 깊은 감정은 숙고의 산물인 말(speech)에서

---

[269] Myron R. Chartier, op. cit., 88.

보다도 본능적인 움직임 속에서 더 신속하게 표현된다.[270] 이것은 청소년 설교자가 설교와 동반된 자신의 감정을 표현할 때도 마찬가지이다. 설교자가 가진 감정은 설교자의 몸짓인 제스처를 통해서 말보다도 더 신속하게 청소년들에게 전달된다.

그러므로 설교자들은 청소년들에게 말씀을 전할 때, 말과 더불어 제스처를 통하여 자신의 감정이 어떻게 전달되고 있는지 주의해야 하며, 또 자신의 감정이 제스처를 통하여 효과적이면서도 적절하게 전달될 수 있도록 제스처의 개발과 사용에 세심한 주의를 기울여야 한다.

그렇다면 청소년 설교자들은 제스처를 사용할 때 어떻게 해야 할까? 어떻게 하면 제스처를 효과적이면서도 적절하게 사용할 수 있을까? 하지만 여기서 선포되는 설교 내용만큼 다양하게 개발될 수 있는 제스처의 모든 종류를 제시하고, 또 제스처를 만들 때 주의해야 할 모든 원칙들을 논하는 것은 한계가 있는 것처럼 보인다.

그러므로 여기서는 청소년 설교자들이 제스처를 만들 때 고려해야 할 기본적인 제스처 네 가지만을 소개하고, 또 설교자들이 제스처를 만들 때 염두에 둘 필요가 있는 몇 가지 제스처의 기본 원칙만을 살펴본다.

그럼 먼저 모든 제스처의 기초가 되는 전통적인 네 가지 제스처를 살펴보자. 설교학자들에 따르면 다음 네 가지 제스처는 모든 제스처의 기초가 된다. 설교자들은 이 제스처들을 결합하거나 응용하

---

270) 297

여 다양한 제스처를 만들어 낼 수 있다. 그렇다면 그 네 가지는 무엇인가?

첫째, 집게손가락(index-finger) 제스처다. 이것은 어떤 것을 가리키거나 가벼운 사실을 강조할 때 사용된다.

둘째, 불끈 쥔 주먹이다. 이것은 극적이고 강한 강조를 의미한다.

셋째, 손바닥을 위로하고 팔을 드는 제스처다. 이것은 보통 긍정적인 내용을 의미하고, 호소하는 감정을 나타내기도 한다.

넷째, 손바닥을 아래로 하는 제스처다. 이것은 불만이나 거부 등 부정적인 내용을 의미한다. 또 경멸을 나타내기도 한다.[271]

설교자들은 이 네 가지 기본적인 제스처를 기초로 하여 다양한 제스처를 만들어 낼 수 있다.

그렇다면 청소년 설교사들이 제스치를 만들 때 염두에 둘 필요가 있는 제스처의 원칙에는 어떤 것들이 있을까?

먼저, 제스처는 확실하고 명확해야 한다.

하는 것인지 안 하는 것인지 어정쩡하게 해서는 안 된다는 것이다. 왜냐하면 불명확한 제스처로는 전달해야 할 내용을 바르게 전할 수 없고, 또 불명확한 제스처는 전해야 할 내용을 왜곡할 수도 있기 때문이다. 그러므로 블랙우드는 불확실한 때에는 제스처를 절대 사용하지 말라고 권고하고,[272] 또 로빈슨은 설교자들에게 제스처를 다음과 같이 분명하게 사용할 것을 말한다.

---

271) J. Daniel Baumann, op. cit., 267.

여러분의 제스처들은 또한 명확해야 한다. 여러분이 제스처를 할 때는 그렇게 하라. 어중간한 제스처는 명확한 것을 아무것도 전하지 못한다.[273]

둘째, 제스처는 적절한 시간에 행해져야 한다.

아무리 효과적이고 명확한 제스처라 할지라도 그 제스처가 행해져야 할 적절한 시기에 행해지지 않으면 그 제스처는 아무런 의미가 없다. 왜냐하면 부적절한 시간에 행해지는 제스처는, 언어적인 메시지를 강조하거나 보충하는 것이 아니라 무의미하게 만들거나 우습게 만들기 때문이다. 그래서 로빈슨은 말한다.

> 여러분의 제스처는 적절한 시기에 행해져야 한다. 시간적으로 부적절한 제스처는 보통 자발성(spontaneity)이나 적절한 동기(motivation)가 부족함을 반영한다.[274]

따라서 청소년 설교자들은 이러한 사실을 직시하고, 제스처를 행할 때는 항상 적절한 시기에 행해야 한다. 즉, 적절한 시간에, 다시 말하면 말을 하기에 앞서 약간 먼저, 약 0.3초에서 0.5초 앞서 말의 의미에 걸맞은 제스처를 취함으로써, 말로 전달되는 내용의 의미를 강조하거나 보충해야 한다.

셋째, 제스처는 자연스러워야 한다.

---

272) Andrew Watterson Blackwood, *op. cit.*, 213.
273) Haddon W. Robinson, *op. cit.*, 210.
274) *Ibid.*, 211.

제스처가 너무 인위적으로 보이거나 지나쳐서는 안 된다는 것이다. 왜냐하면 제스처가 청소년들에게 인위적으로 보이거나, 또 내용에 비하여 지나치게 비쳐지면 청소년들이 설교 내용을 조작되었거나 거짓된 것으로 생각할 수 있기 때문이다. 그러므로 청소년 설교자들은 제스처를 행할 때 가능하면 자연스럽게 행해야 한다. 즉, 일리언 T. 존스가 지적한 대로, 인위적이고 기계적인 제스처 자체를 위한 제스처가 아니라 진정한 내적 충동에서 우러나오는 자연스러운 제스처가 되도록 해야 하는 것이다.[275]

넷째, 동일한 제스처를 반복해서는 안 된다.

우리는 청소년 설교 현장에서 동일한 제스처를 반복하는 설교자들을 쉽게 만난다. 이들은 보통 습관적으로 동일한 제스처를 무의미하게 반복한다. 하지만 청소년 설교자들은 이러한 동일한 제스처의 무의미한 반복을 중단해야 한다. 왜냐하면 습관적으로 동일하게 반복되는 제스처는 동일하지 않은 설교 내용을 왜곡시키고, 또 로빈슨의 말처럼 청중을 화나게 만들 수도 있기 때문이다.[276] 그러므로 청소년 설교자들은 동일한 제스처를 반복할 것이 아니라, 제스처에 변화를 주어야 한다. 왜냐하면 좋은 제스처는 변화하는 특징을 가지고 있기 때문이다.[277]

다섯째, 한 설교에서 너무 많은 제스처를 사용해서는 안 된다.

우리는 때때로 설교 현장에서 설교의 시작부터 끝까지 시종일관

---

275) Ilion T. Jones, *Principles and Practice of Preaching*(New York: Abingdon Press, 1956), 220-221.
276) Haddon W. Robinson, *op. cit.*, 211.
277) J. Daniel Baumann, *op. cit.*, 268.

쉬지 않고 제스처를 행하는 설교자를 만난다. 하지만 이러한 잘못된 습관은 즉시 시정되어야 한다. 왜냐하면 설교의 모든 내용을 제스처로 표현할 수는 없기 때문이다. 또 설교 내용과 일치하지 않는 수많은 제스처들은 설교 내용을 청소년들에게 왜곡시켜 전할 수 있기 때문이다. 그래서 블랙우드는 설교자들을 향하여 단호하게 말한다.

그러나 기억하십시오. 제스처를 헛되이 남발하지 마십시오![278]

결론적으로, 청소년 설교자들은 시선 처리와 더불어 내용에 맞는 제스처를 구현함으로써, 하나님께서 청소년들에게 전하라고 주신 말씀을 좀더 분명하고 확실하게 전해야 할 것이다.

(3) 기타 비언어적인 요소

그렇다면 앞에서 언급한 시선 처리와 제스처 외에 또 다른 비언어적인 전달 요소들은 없을까? 물론 우리는 앞에서 언급한 두 가지 요소들 외에 또 다른 여러 가지 비언어적인 요소들을 생각해 볼 수 있다. 하지만 여기서는 지면 관계상 그것들 중에서 마지막으로 한 가지, 즉 외모에 대해서만 간략하게 살펴본다.

그럼 설교자들은 청소년들에게 말씀을 전하기 위하여 설교단에 설 때 어떤 모습으로 서야 할까? 어떤 외모로 설교단에 서는 것이 하나님의 말씀을 전하는 청소년 설교자로서 이상적인 모습일까?

그것은 간단히 말하면, 설교자로서 약간 보수적이면서도 지극히

---

278) Andrew Watterson Blackwood, *op. cit.*, 213.

정상적인 모습이다. 즉 누가 보아도 설교자의 외모로서 이상하지 않은 정상적인 모습이다. 그리고 이러한 판단은 보는 사람의 관점에 따라서 다를 수 있으므로 약간 보수적으로 보이는 것이 좋을 것이다. 왜냐하면 이러한 모습이 청소년들이 설교에 집중하는 것을 방해하지 않을 수 있기 때문이다.

그러나 우리는 때때로 여러 가지 유형의 눈에 거슬리는 외모의 설교자들을 만난다. 예를 들면, 바우만이 지적한 것처럼, 펜이나 수첩 등을 많이 넣어 불룩한 주머니를 가진 설교자를 만난다. 또 비뚤어지거나 느슨하게 매어진 넥타이, 천박한 손수건, 그리고 번쩍거리는 보석[279] 등으로 치장한 설교자를 만난다. 또 머리카락이 불결하게 보이거나 헝클어진 채로 설교단에 서는 설교자를 만난다. 하지만 이러한 외모의 설교자들은 자신의 외모에 나타난 모든 비정상적이거나 눈에 띄는 부분을 속히 제거해야 할 것이다.

그렇다면 청소년 설교자들은 설교단에 설 때 왜 이런 모습을 보여서는 안 되는가? 그것은 설교자의 외모 중 눈에 띄는 부분, 예를 들면, 노란 손수건이 청소년들의 주의를 빼앗아 갈 수 있기 때문이다. 보통 설교자를 통하여 말씀이 선포될 때 구두로 단 1회 선포되는 말씀의 특성상 청소년들이 선포되는 말씀을 이해하고 받아들이기 위해서는 고도의 집중력이 요청된다. 그런데 이런 눈에 띄는 색깔의 손수건은 청소년들의 주의집중을 방해한다. 그러므로 말씀의 전달자로서의 자신의 정체성을 아는 현명한 설교자라면, 당연히 설교 시 이런 불필요한 노란 손수건을 착용하지 말아야 한다.

---

279) J. Daniel Baumann, op. cit., 264.

결론적으로, 설교자들은 누가 보아도 하나님의 말씀을 전하는 설교자들로서 지극히 정상적인 모습으로, 그러나 약간 보수적인 모습으로 청소년들 앞에 서야 한다. 그러면 청소년들은 설교자의 외모에 관심을 기울이지 아니하고 하나님의 말씀에만 집중하게 될 것이다.

4. 나가는 말

지금까지 우리는 한국 교회의 청소년 설교 전달 방법의 문제점들을 고찰하고, 또 그 문제점들을 극복할 수 있는 방법들을 살펴보았다. 그리고 이러한 조사를 통하여, 우리는 오늘날 많은 청소년 설교자들이 말씀 전달을 위한 충분한 준비를 하지 못하고 있으며, 그래서 설교자들이 부적절한 음성으로, 시선 접촉 없이, 과도한 시청각 자료에 의존하여 청소년들에게 말씀을 전하고 있음을 알았다.

그리고 설교자들이 이러한 문제점들을 극복하기 위해서는 최소한 언어적인 전달 면에서는 발음과 말의 속도, 그리고 음정 사용을 고려해야 하고, 또 비언어적인 전달 면에서는 시선 접촉과 제스처 또 외모에 관심을 기울여야 함을 알았다.

그러므로 이제 한국 교회의 청소년 설교자들은 이러한 전달 요소들을 잘 인식하고 익힘으로써, 하나님의 말씀을 청소년들에게 효과적으로 전달하는 설교자들이 되어야 한다. 더 이상 "들을 귀 있는 자는 들을지어다"를 외치며, 모든 설교 커뮤니케이션의 책임을 청소년들에게만 전가하는 나태하고 무능한 설교자가 아니라, 성공적인 설교 커뮤니케이션을 위해서 언어적인 전달 요소들은 물론 비언어적인 전달 요소 개발에도 최선을 다하는 설교자가 되어야 한다.

다시 말하면, 정확한 발음으로, 또 내용에 맞는 적절하고 다양한 속도로, 그리고 내용의 의미에 걸맞은 음정 사용으로 말씀의 내용을 좀 더 온전하고 효과적으로 전달하기 위해 최선을 다해야 할 것이다. 또 청소년들의 주의 집중을 방해하지 않는 정상적인 외모로, 그리고 한 명의 청소년들도 소외되지 않도록 모든 청소년들의 눈을 바라보며, 필요한 제스처를 통하여 청소년들에게 말씀을 전함으로써, 하나님께서 청소년들에게 전하라고 주신 말씀을 더욱 확실하고 분명하게 전해야 할 것이다.

그리하면 청소년들은, 다양한 설교 전달 요소들로 인하여 효과적이고 확실하게 전달된 설교 내용들을 통하여, 하나님께서 기대하시는 더욱 온전한 하나님의 자녀로 성장하게 될 것이다. 그리고 위기에 처한 오늘의 한국 교회와 사회는 이들을 통하여 새로운 소망을 갖게 될 것이다.

지금까지 우리는 한국 교회 청소년 설교의 전달 방법의 문제점은 물론 여러 가지 문제점들을 다양한 각도에서 살펴보고, 또 그 대안들과 더불어 그 대안들에 필요한 이론들을 제시하였다. 이제 청소년 설교자들이 지금까지 제시되어 온 여러 가지 이론들을 토대로 하여 실제로 설교를 작성한다면, 그 설교들은 어떤 모습이 되어야 할까? 그러므로 다음 장에서는 청소년 설교의 실제 모습들을 살펴보겠다.

제7장
청소년 설교의 실제

앞에서 살펴본 청소년 설교의 문제점들을 인식하고, 또 그 문제점들을 극복할 수 있는 대안을 아는 것은 중요하다. 하지만 그것들이 실제 청소년 설교에 반영되어 나타나지 않는다면 그것은 아무것도 아니다. 그러므로 모든 청소년 설교 이론들은 청소년 설교에 실제로 반영되어 나타나야 한다. 그렇다면 앞에서 제시된 다양한 이론들이 실제 설교로 나타난다면 어떤 모습이 되어야 할까?

본 장에서는 앞에서 제시된 이론들을 토대로 실제로 작성된 세 편의 청소년 설교가 제시된다. 즉 청소년들을 초등학생과 중학생, 그리고 고등학생으로 크게 구분하고, 구분된 각각의 대상들을 향하여 선포되는 세 개의 실제 설교가 제시된다.

1. 들어가는 말

지금까지 우리는 한국 교회 청소년 설교의 문제점들을 여러 가지 각도에서 살펴보고 또 그 대안들을 찾아보았다. 그렇다면 앞에서 살펴본 내용들을 토대로 하여 실제로 설교를 작성한다면 어떤 모습이 되어야 할까?

하지만 여기서 다양한 연령층으로 구성된 청소년들 모두에게 적용될 수 있는 실제 설교의 모습들을 모두 보여주는 것에는 한계가 있는 것처럼 보인다. 그러므로 여기서는 설교의 대상인 청소년들을 크게 세 부류로 분류하고, 각 대상에 맞는 각각 한 개의 설교 실례를 제시한다. 즉 청소년들을 초등학생과 중학생, 그리고 고등학생으로 크게 구분하고, 구분된 각각의 대상들을 향하여 선포되는 세 개의 실제 설교를 제시한다.

여기서 밝혀두는 한 가지 사실은, 제시되는 설교 형태가 지극히 기본적인 유형에 한정되어 있다는 점이다. 앞의 제4장에서 우리는 청소년 설교가 다양한 형태로 전개될 수 있음을 알았다. 하지만 여기서는 세 편의 설교가 청소년의 각각 다른 세 부류를 향해 각각 한 편씩만 선포되기 때문에, 지극히 기본적인 형태들로만 제시된다. 즉, 세 부류의 청소년들에게 맞게 구성된 세 가지 내용의 설교가 분석 설교에 기초하여, 그러나 대화 설교적인 요소와 서사 설교적인 요소를 가미하여, 하지만 설교 형태의 기본 요소들에 충실하여, 지극히 기본적인 형태로 제시된다.

그렇다면 이제 청소년의 세 부류를 향해 선포되는 실제 세 편의 설교를 차례로 살펴보자.

2. 청소년 설교의 실례

1) 설교 1: 포도주가 된 물

주제: 예수님 초청
제목: 포도주가 된 물   대상: 초등학생
본문 말씀: 요한복음 2장 1-11절

서론적 접근

어린이 여러분! 결혼식이 무엇인지 아세요? 그래요. 남자와 여자가 만나 부부가 되었음을 알리는 예식이에요. 오늘 성경 말씀에 결혼식 이야기가 나와요.

어느 화창하고 아름다운 날이었어요. 어떤 예쁜 처녀와 잘생긴 청년의 결혼식이 진행되고 있어요. '딴 딴딴따 딴 딴딴따…….' 신랑이 입장을 하고, 하얀 드레스를 입은 예쁜 신부도 입장했어요. 너무나 아름답고 행복한 결혼식이었어요. 그곳에는 우리 예수님도 계셨어요. 왜냐하면 신랑 신부가 예수님을 결혼식에 초청했기 때문이에요.

이제 결혼 예식은 끝나고 계속하여 성대한 축하 잔치가 벌어졌어요. 잔칫상에는 맛있는 음식들이 많이 준비되어 있었어요. 이것을 먹을까 저것을 먹을까, 사람들의 입에서는 침이 꼴깍꼴깍 넘어갔어요. 그리고 초대받은 손님들은 이것저것 맛있게 먹었어요.

그런데 그때 큰일이 일어났어요. 이스라엘 사람들의 잔치에서 가장 중요한 음식인 포도주가 떨어지고 말았어요. 신랑신부는 큰 걱정이 되었어요.

"꼭 필요한 포도주가 더 이상 없다니!"

"포도주가 떨어진 것이 알려지면 곧 흥겨움이 깨어지고 말텐데!"

그렇다고 그것을 지금 어디에서 구해 올 수도 없었어요. 그때 우리의 예수님께서 옆에 있던 하인들에게 말씀하셨어요.

"저기 보이는 저 큰 돌 항아리에 물을 가득 채워라."

그러자 하인들은 예수님의 말씀대로 그렇게 했어요. 그때 예수님께서 또 말씀하셨어요.

"이제 그 항아리의 물을 잔칫상에 갖다 주어라."

하인들은 예수님의 말씀대로 그 물을 잔칫상에 갖다 주었어요. 그런데 정말 놀라운 일이 일어났어요. 무슨 일이었을까요? 아니 이럴 수가! 물이 포도주가 되었어요. 그것도 아주 맛있는 포도주가 되었어요. 그래서 그 결혼식은 정말로 아름답고 축복된 결혼식이 되었어요.

주제 부상

어린이 여러분! 그렇다면, 왜 이 결혼식은 즐겁고 행복한 결혼식이 될 수 있었을까요? 그래요. 물이 포도주가 되었기 때문이에요. 만일 물이 포도주가 되지 않았다면, 신랑 신부는 행복할 수 없었을 거예요. 그럼, 누가 물을 포도주가 되게 했을까요? 맞아요. 예수님께서 하셨어요. 그럼, 어떻게 예수님께서는 그 결혼식에 참석하게 되셨을까요? 그래요. 그것은 신랑 신부가 예수님을 초대했기 때문이에요. 예수님을 자신들의 결혼식에 초청했기 때문이에요.

하나님은 오늘 성경 말씀을 통해서 우리 어린이들에게 말씀하기 원하세요. 그렇다면 하나님께서는 오늘 우리에게 무엇을 말씀하고 계실까요? 그래요. 예수님 초청에 대해서 말씀하고 계세요.

메시지

하나님께서 이 시간 우리 친구들에게 말씀하세요. 예수님을 초청해야 한다고 말씀하세요. 하나님은 오늘 성경 말씀을 통해서 우리의 삶에 예수님을 초청해야 한다고 말씀하세요.

말씀 선포

오늘 성경 말씀 2절에 우리 하나님의 말씀이 있어요.
"예수와 그 제자들도 혼례에 청함을 받았더니."

해석과 적용

어린이 여러분! 여기서 '혼례'란 무슨 말일까요? 맞아요. 결혼식을 말해요. 그럼, '청함을 받았다'는 말은 무슨 뜻일까요? 혹시 아는 친구 있어요? 그래요. 매우 정중하게 부름을 받았다는 뜻이에요. 초청받았다는 말이에요. 왜냐하면 오늘 성경에 나오는 '청함을 받았다'라는 말이 본래 그리스 말로 '칼레오'(καλέω)인데, 이 말의 뜻이 '부르다', '초청하다'라는 뜻이기 때문이에요.

결과적으로 예수님은 결혼식에 정중하게 초청받았어요. 신랑과 신부는 자신들의 결혼식에 예수님을 초청했어요. 그래서 예수님의 도움으로 결혼식을 잘 마칠 수 있었어요. 초청된 예수님께서 물이 포도주가 되게 하심으로써 신랑 신부는 행복하게 결혼식을 마칠 수 있었어요.

그렇다면 하나님께서는 이 시간 신랑 신부의 이야기를 통해서 우리에게 무엇을 말씀하실까요? 맞아요. 우리도 예수님을 초청해야 한다는 거예요. 우리의 모든 삶에 예수님을 초대해야 한다는 거예요. 그래야 신랑 신부처럼 행복하게 살 수 있다는 거예요.

사랑하는 어린이 여러분! 여러분은 여러분의 삶에 예수님을 초청하고 계신가요? 매일매일 무엇을 하든지 예수님을 초청하여, 예수님과 함께 사시나요? 우리는 오늘 성경 말씀에 나오는 신랑 신부처럼, 우리의 삶에 예수님을 초청해야 해요. 그리고 예수님과 함께 살아야 해요.

그럼, 우리는 언제 예수님을 초청해야 할까요? 또 무슨 일을 할 때 예수님을 초청해야 할까요? 맞아요. 언제 어디서나, 무슨 일을 하든지 예수님을 초청해야 해요.

예를 들면, 우리가 학교에서 공부할 때, 우리는 예수님을 우리 마음속에 초청하여 예수님과 함께 공부해야 해요. 그래서 예수님의 뜻대로, 수업 시간에 장난치지 않고 열심히 공부해야 해요. 또 이해가 잘 안 되는 내용이나 어려운 문제를 만나면, 예수님과 함께 의논해야 해요. 그리하면 예수님께서 물로 포도주를 만들어 신랑 신부를 도와주신 것처럼 여러분을 도와주실 거예요.

어린이 여러분! 그럼, 또 어떤 일에 예수님을 초청할 수 있을까요? 그래요. 친구들과 놀 때에도 예수님을 초청해야 해요. 그래서 예수님의 뜻대로, 친구들과 싸우지 아니하고 사이좋게 놀아야 해요. 요즈음 목사님은 때때로 사람들로부터 아주 슬픈 이야기를 들어요. 그것은 초등학교 친구들의 왕따 이야기예요. 학교마다 친구를 왕따 시키는 친구들도 있고, 또 왕따 당하는 친구들이 많다는 거예요. 그리고 어떤 경우에는 다른 친구를 왕따 시키는 친구가 교회에 다니는 친구라는 거예요.

어린이 여러분! 교회 다니는 사람이 학교에서 다른 친구를 왕따 시키는 데 앞장서거나 다른 친구를 왕따 시킬 수가 있을까요? 아니에요. 교회 다니는 친구가 그럴 수는 없어요. 예수님을 초청하여, 예수님과 함께 생활하는 친구라면 그럴 수 없어요. 왜냐하면 우리가 만일 학교에서 다른 친구를 왕따 시킨다면, 예수님께서 싫어하시기 때문이에요. 우리를 사랑하셔서, 아니 이 세상 모든 친구들을 사랑하셔서 저 슬프고 고통스러운 십자가를 지셨던 예수님께서 원하시지 않기 때문이에요.

예수님은 왕따 당하는 친구를 무척 사랑하세요. 그래서 그 친구가 왕따 당하면, 슬퍼하시고 불쌍히 여기세요. 마음 아파하세요. 고통스러워하세요. 아니, 친구가 왕따 당하며 고통스러워할 때, 왕따 당하는 그 친구에게 오셔서 함께 왕따를 당하실지도 몰라요. 그러므로 우리는 학교에서 친구들을 왕따 시킬 수 없어요. 학원에서 만나는 친구를 왕따 시킬 수 없어요.

친구들! 혹시 다른 사람을 괴롭히거나 왕따 시킨 경험이 있나요? 그렇다면 이제 그런 일은 그만해야 해요. 그리고 예수님을 초청하여, 예수님과 함께 살아야 해요. 기쁠 때나 슬플 때나, 언제 어디서나 예수님을 초청하여 예수님과 함께 살아야 해요. 그리하면 우리는 예수님의 뜻대로, 다른 사람을 괴롭히지도 않고, 또 왕따 시키지도 않는 착한 어린이가 될 거예요. 그리고 우리가 초청할 때마다 항상 우리에게 오셔서, 우리와 함께하시는 예수님의 말씀대로 하나님을 기쁘시게 하는 어린이가 될 거예요.

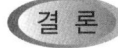

요약

그럼, 이제 하나님께서 오늘 주신 말씀을 정리해 보겠어요. 하나님께서 오늘 우리에게 무엇을 말씀하셨죠? 그래요. 하나님은 오늘 우리에게 예수님을 초청해야 한다고 말씀하셨어요. 언제 어디서나 항상 예수님을 초청해야 한다고 말씀하셨어요.

적용

어린이 여러분! 이제 우리 모두 하나님의 말씀대로, 예수님을 초청하는 어린이들이 되어요. 그래서 학교에서나 집에서나 예수님의 말씀대로 사는 어린이들이 되어요. 친구들을 왕따 시키는 사람이 아니라, 우리와 함께하시는 예수님의 뜻대로 친구들을 사랑하는 착한 사람이 되어요.

[기도]

이제 다 함께 예쁘게 손을 모으고, 목사님을 따라서 기도드리겠어요.

예수님! 이 시간 저희들이 마음의 문을 활짝 열고, 예수님을 우리 마음에 초청합니다. 오늘 하나님의 말씀대로, 예수님을 초청합니다. 예수님, 우리 마음에 들어오세요. 그래서 저희가 언제 어디서나 예수님의 뜻대로 살게 해주세요. 예수님의 뜻대로, 친구를 왕따 시키지 않고, 친구를 사랑하고, 또 가족들을 사랑하며 살게 해주세요. 우리 주님 예수님의 이름으로 기도합니다. 아멘.

2) 설교 2: 왕따[280]

주제: 화목

제목: 왕따   대상: 중학생

---

[280] 본 설교문은 필자의 책 《제3의 분석 설교의 이론과 실제》에 실린 성인들을 대상으로 하는 설교 "새로운 사람의 표적"을 중등부 학생들을 위해서 수정, 보완한 것이다.

본문 말씀: 고린도후서 5장 11-19절

서론적 접근

얼마 전에 대구에서 아주 슬픈 일이 있었습니다. 그것은 여러분처럼 어린 한 중학생이 죽은 것입니다. 그래서 많은 사람들이 슬퍼하기도 하고, 또 안타까워했습니다.

이 불쌍한 친구는 학교에서 친구들로부터 왕따를 당했습니다. 학교 친구들은 죽은 이 학생과 사이좋게 지내지 않았습니다. 이유는 정확히 알 수 없지만, 화목하게 지내지 않았습니다. 화목하게 지내지 못한 정도가 아니라 이 학생을 왕따시켰습니다. 그리고 그들 중 몇몇은 이 친구를 자주 때렸습니다. 그리고 때때로 전깃줄로 목을 감고 끌고 다니기도 했습니다. 또 어느 때에는 집에까지 찾아와서 물로 고문하기도 했습니다. 너무나 안타깝고 또 슬픈 이야기입니다.

여러분! 질문을 하나 하겠습니다. 만일 학교 친구들이 불쌍한 그 친구를 왕따시키지 않고, 화목하게 지냈다면 어떻게 되었을까요? 죽은 친구에게 마음에 들지 않는 면이 있었을지라도 사랑의 마음으로 이해하고, 화목하게 지냈다면 어떻게 되었을까요? 그렇습니다. 죽지 않았을 것입니다. 모든 친구들이 서로 화목하게 지냈다면, 그 친구는 죽지 않았을 것입니다. 화목하게 사는 것이 얼마나 중요한 것인가를 보여주는 이야기입니다.

주제 부상

하나님께서 오늘 우리에게 주신 성경 말씀에도, 화목에 대한 이야기가 나옵니다. 하나님께서 바울을 통해서 말씀하십니다.

"모든 것이 하나님께로 났나니 저가 그리스도로 말미암아 우리를 자기와 화목하게 하시고 또 우리에게 화목하게 하는 직책을 주셨으니."

그렇습니다. 하나님은 오늘 성경 말씀을 통해서 우리에게 화목에 대하여 말씀하십니다. 서로 싸우지 아니하고, 뜻을 맞추어, 정답게 사는 화목에 대하여 말씀하십니다. 화목이 대단히 중요하다고 말씀하십니다. 화목이 얼마나 중요한지, 예수님을 보내셨다고 말씀하십니다. 그리고 예수님을 통하여 우리와 하나님이 화목하게 되셨다고 말씀하십니다. 또한 우리에게, 예수 믿는 우리 중학생들에게, 화목하게 하는 직책을 주셨다고 말씀하십니다.

하나님은 우리와 화목하게 살기를 원하십니다. 또한 우리가 다른 사람들과 화목하게 살기를 원하십니다. 그러므로 하나님은 오늘 성경 말씀을 통하여 우리에게 화목하라고 말씀하십니다.

주제의 필요성

그렇다면, 우리는 왜 화목해야 합니까? 왜 하나님과 화목해야 합니까? 왜 친구들과 화목해야 합니까? 왜 하나님께서는 우리에게 화목한 사람이 되라고 말씀하십니까? 그것은 화목하지 않으면, 불행이 우리를 기다리고 있기 때문입니다. 영원한 죽음이 우리를 기다리고 있을 수도 있기 때문입니다.

우리는 성경에서 이러한 사실을 쉽게 발견할 수 있습니다. 구약 성경 사무엘상을 보면 사울이라는 사람이 나옵니다. 그는 기스의 아들이었습니다. 그리고 매우 잘생긴 사람이었습니다. 사무엘상 9장은 말합니다.

"이스라엘 자손 중에 그보다 더 준수한 자가 없고."

사울이 얼마나 잘생겼는지, 성경은 이스라엘 사람들 중에서 그가 가장 준수하다고 말합니다. 또 그는 키도 컸습니다. 겸손하였습니다. 화목한 사람이었습니다. 하나님의 마음에 꼭 들었습니다. 그래서 하나님은 그를 이스라엘의 왕이 되게 하셨습니다.

그런데 사울은 왕이 된 후에, 언제부터인가 변하고 말았습니다. 하나님의 뜻대로 살지 않았습니다. 하나님의 말씀에 순종하지 않았습니다. 그래서 하나님과 화목하지 못했습니다. 그리고 사람들과도 화목하게 지내지 않았습니다. 자신의 딸의 남편인 사위와도 화목하지 못했습니다. 그래서 사위인 다윗을 여러 번 죽이려고까지 했습니다.

여러분! 그 결과가 무엇입니까? 하나님과 화목하지 못한 결과가 무엇입니까? 사람들과 화목하게 살지 못한 결과가 무엇입니까? 사무엘상 31장은 말합니다.

"사울과 그 세 아들과 병기 든 자와 그의 모든 사람이 다 그날에 함께 죽었더라."

그렇습니다. 불행입니다. 죽음입니다. 화목하게 살지 못했던 사울은, 적군이 쏜 화살에 중상을 입고, 자기 칼에 죽어야 했습니다. 여러분, 화살에 맞아 중상을 입은 사람을 상상해 보십시오. 화살이 날아옵니다. 그런데 무섭게 다가오는 그 화살을 피할 수가 없습니다. 그리고 그 화살이 살을 뚫고 몸 속 깊숙이 박힙니다. 온몸에 찢어지는 고통이 느껴집니다. 비명이 절로 나옵니다. 화목하지 못했던 불쌍한 사울은 이렇게 고통스럽게 죽어가야 했습니다.

그렇습니다. 화목하게 살지 않는 사람의 미래는 불행합니다. 하나님과 화목하지 못하고, 또 다른 사람과 화목하게 살지 않는 사람의 미래는 절망입니다.

그러므로 하나님께서는 오늘 우리에게 화목하라고 말씀하십니다.

주제의 실천 방안

그렇다면, 우리는 이제 어떻게 화목한 사람이 될 수 있습니까? 어떻게 하면 화목한 중등부 학생들이 될 수 있을까요?

주안점

먼저, 하나님은, 우리가 화목한 사람이 되기 위해서는, '우리 자신을 변화시켜야 한다'고 말씀하십니다.

말씀 선포

오늘 본문 18절에 우리 하나님의 말씀이 있습니다.

"우리를 자기와 화목하게 하시고."

해석과 적용

여기서 '화목하게 하다' 라는 말은 그리스어로 '카탈랏소'(καταλλάσσω)입니다. 이 말은 두 단어가 합쳐진 말입니다. '아래로' 라는 뜻의 '카타'(κατά)와 '변하다, 바꾸다' 라는 의미의 '알랏소'(ἀλλάσσω)가 합쳐진 말입니다. 다시 말하면, 화목하게 하는 것은 자신을 바꾸고, 변화시키는 것이라는 뜻입니다.

그런데 여기서 중요한 것은, 자신을 바꾸고 변화시킬 때 자신이 기준이 아니라는 사실입니다. 또 자신보다 더 높거나 좋은 것이 기준이 아니라는 사실입니다. '카타' 라는 말이 의미하는 것처럼, 그 기준은 자신보다 더 아래에 있다는 것입니다. 다시 말하면, 화목하기 위해서는 자신을 낮추어야 한다는 의미입니다. 나의 기준이 아니라 다른 사람의 기준에 나를 맞추어야 한다는 뜻입니다. 화목하기 위해서는, 다른 사람이 나에게 오기를 기다리는 것이 아니라 내가 그에게로 가야 한다는 뜻입니다. 내가 친구에게로 가야 한다는 것입니다. 그리고 다른 사람을 위해서 나를 변화시켜야 한다는 뜻입니다.

그렇습니다. 우리가 화목한 사람이 되기 위해서는 우리 자신을 변화시켜야 합니다. 친구가 아니라, 내가 먼저 내 자신을 변화시켜야 합니다. 그러므로 하나님께서는 죄인인 우리와 화목하시기 위하여 하늘 보좌를 버리고, 이 땅으로 내려오셨습니다. 우리와 화목하시기 위해서 말구유에서 태어나셨습니다. 십자가에 죽기까지 낮아지셨습니다.

그렇습니다. 화목한 사람이 되기 위해서는 우리 자신을 바꾸고,

변화시켜야 합니다. 우리 자신을 낮추어야 합니다. 예수님처럼 우리 자신을 낮추어야 합니다.

사랑하는 중등부 학생 여러분! 여러분은 화목하게 살고 있습니까? 학교 친구들과 화목하게 지내고 있습니까? 가족들과 화목하게 살고 있습니까? 화목한 집을 만들기 위해서, 나의 생각이 아니라 가족들의 입장에서 문제를 해결하고 계십니까? 친구들과 화목하기 위해서 내 자신을 낮추고, 바꾸고 계십니까?

화목하기 위해서는 내 자신을 변화시켜야 합니다. 다른 사람이 아니라 내가, 바로 내가 먼저 변화되어야 합니다. 우리 자신을 변화시켜야 합니다. 우리의 생각을 바꾸어야 합니다. 우리의 마음을 돌이켜야 합니다. 그리고 친구에게로 다가가야 합니다.

사랑하는 중등부 학생 여러분! 아직도 다른 사람이 변하기를 기다리고 계십니까? 다른 사람이 틀렸다고 생각하십니까? 화목한 사람이 되기 위해서는 우리가 먼저 변해야 합니다. 우리가 먼저 다른 사람에게 다가가야 합니다.

옛날에 데미안이라는 사람이 있었습니다. 그는 벨기에의 한 농부의 아들로 태어났습니다. 후에 그는 성직자가 되어서, 하와이에서 선교 활동을 했습니다. 그런데 그가 선교 활동을 시작한 지 9년째인 1873년이었습니다. 하와이에 온몸이 썩어서 결국에는 죽게 되는 나병이 극심하게 퍼졌습니다. 하와이 정부는 나병 환자들을 몰로카이라는 섬에 격리시켰습니다. 그러나 누구도 이들을 돌보지 않았습니다. 이들은 외부와 철저히 격리되어서, 굶주림과 나병의

악화로 죽어갔습니다.

　그러나 데미안은 이들을 그냥 둘 수가 없었습니다. 썩어서 뭉개진 몸을 부둥켜안고, 하나님과 사람을 저주하며 죽어가는 저들을 그냥 둘 수가 없었습니다. 그래서 그는 자원하였습니다. 그리고 하와이에서의 편안한 삶을 버리고, 아무도 가지 않는 몰로카이 섬으로 들어갔습니다. 그리고 거기서 나병 환자들과 함께 살았습니다. 얼굴과 손발이 썩어서 냄새 나는 그들과 함께 농사를 짓고, 집을 지었습니다. 예배를 드렸습니다.

　마지막에는 그들처럼 나병에 걸려서, 그들을 하나님께로 인도했습니다. 나병 환자들을 하나님과 화해시키고 화목한 삶으로 인도하기 위해서, 자신의 온몸을 던졌습니다.

　사랑하는 중등부 학생 여러분! 여러분은 화목한 삶을 위해서 무엇을 하고 계십니까? 매일매일 하나님께로 나아가십니까? 이웃에게로, 친구에게로 나아가십니까? 여러분 자신을 낮추고 계십니까? 예수님처럼, 데미안처럼, 화목을 위해서 최선을 다해서 노력하고 계십니까? 하나님은 화목을 위해서는, 다른 사람이 아니라 우리가 먼저 변해야 한다고 말씀하십니다. 친구가 아니라, 내가 먼저 내 자신을 낮추고, 바꾸어야 한다고 말씀하십니다.

　오늘날 많은 사람들이 교회 다니는 중등부 학생들을 걱정하고 있습니다. 왜 그렇습니까? 그것은 교회에 다니는 학생들이 화목하지 못하기 때문입니다. 서로 싸우기 때문입니다. 서로 자신의 생각만을 고집하기 때문입니다. 자신을 낮추고, 변화시키는 것이 아니라, 자신의 생각만을 주장하기 때문입니다. 친구의 입장을 이해하고 감싸 주는 것이 아니라, 도리어 배척하고 왕따시키기 때문입니다. 화목을 위해서 노력하는 것이 아니라, 다른 사람을 왕따하는 데 앞장서기 때문입니다. 앞장서서 친구들을 왕따시키고 있기 때문입니다.

사랑하는 중등부 학생 여러분! 만일 여러분 중에 이런 친구가 있다면, 그 친구는 즉시 그러한 행동을 멈추어야 합니다. 모든 왕따와 관련된 행동들을 그만두어야 합니다. 친구들을 왕따시키던 자신의 마음과 행동을 변화시켜야 합니다. 그래서 하나님의 뜻대로 화목한 사람이 되어야 합니다.

하나님은 이 시간 우리 모두가 화목한 사람이 되기를 원하고 계십니다. 가족들과 화목한 사람이 되기를 바라고 계십니다. 친구들을 왕따시키는 사람이 아니라 친구들과 화목한 사람이 되기를 원하고 계십니다.

요약과 적용

사랑하는 중등부 학생 여러분! 여러분은 이제 어떻게 사시겠습니까? 죄의 유혹을 따라서, 싸움과 분열의 길을 가시겠습니까? 아니면, 새로운 사람이 되어서 화목의 길을 가시겠습니까? 하나님은 오늘도 여기저기서 왕따당하여 고통 중에 있는 불쌍한 친구들을 바라보시면서, 우리가 화목한 사람이 되기를 원하고 계십니다. 우리 중등부 학생들을 통하여, 화목한 세상이 밝아오기를 기대하고 계십니다.

그러므로 하나님은 다시 한 번 우리 중등부 학생들에게 말씀하십니다. 화목한 사람이 되라고 말씀하십니다. 모든 종류의 싸움을 그치고, 화목해야 한다고 말씀하십니다. 그리고 화목한 사람이 되기 위해서는 먼저 우리 자신을 낮추고, 변화시켜야 한다고 말씀하십니다.

사랑하는 중등부 학생 여러분! 이제 우리 모두 하나님의 말씀을 따라서, 화목한 사람이 됩시다. 그리고 이를 위하여 먼저 우리 자신을 바꾸고 변화시킵시다. 친구가 아니라 내가 먼저 내 자신을 낮추고 친구에게 다가갑시다. 그래서 친구를 왕따시키는 사람이 아니라, 모든 사람과 화목한 사람이 됩시다.

기도하겠습니다.

하나님 감사합니다. 오늘도 부족한 저희들에게 귀한 화목의 직책을 주시니 감사합니다. 오늘 하나님의 말씀대로, 우리 모든 중등부 친구들이 화목한 사람이 되게 하여 주옵소서. 자신을 변화시키고 낮춤으로써 화목한 사람이 되게 하여 주옵소서. 가족들과 또 친구들과 화목한 사람이 되게 하여 주옵소서. 더 이상 불쌍한 친구들을 왕따시키는 자리에 서지 않게 하시고, 자신을 변화시킴으로써 모든 사람과 화목한 사람이 되게 하여 주옵소서. 우리 주님, 예수님의 이름으로 기도합니다. 아멘.

---

281) 본 설교문은 필자의 책 《제3의 분석 설교의 이론과 실제》에 실린 성인들을 대상으로 한 설교문을 고등부 학생들을 위한 설교문으로 수정, 보완한 것이다.

3) 설교 3: 매일매일[281]

주제: 과정
제목: 매일매일   대상: 고등학생
본문 말씀: 사도행전 5장 1-11절

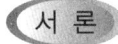

서론적 접근

얼마 전 '한국청소년정책연구원'이 설문 조사를 했습니다. 한국과 중국과 일본의 고교생들에게 물었습니다. 학교와 공부에 대해서 여러 가지를 물었습니다. 그중의 한 가지가 커닝에 대한 것이었습니다. "시험 볼 때 커닝을 해도 되는 것인가?" 하고 물었습니다.

커닝을 절대로 해서는 안 된다는 대답이, 중국 학생은 64.4%였습니다. 그리고 일본 학생들은 60.6%였습니다. 그렇다면 한국 학생은 몇 프로였을까요? 중국이나 일본 학생들보다 더 높았을까요? 당연히 더 높아야 했습니다. 그러나 사실은 더 낮았습니다. 한국 학생의 40.6%만이 커닝을 해서는 안 된다고 대답했습니다. 많은 학생들이 커닝을 해서라도 좋은 성적만 얻으면 된다고 생각하는 것입니다. 과정은 어떠하든지 결과만 좋으면 된다고 생각하고 있는 것입니다.

주제 부상

오늘 본문 말씀에도 비슷한 이야기가 등장합니다. 과정보다는 결과에 집착하는 사람의 모습이 나옵니다. 아나니아와 삽비라는 과정보다는 결과를 더 중시했던 것처럼 보입니다. 그래서 비록 중간에는 자신들의 양심을 속이고 성령 하나님을 속였지만, 결과적으로는 많은 헌금을 교회에 했습니다.

그렇다면 하나님께서는 오늘 본문 말씀을 통해서, 우리에게 무엇을 말씀하고 계실까요? 물론 하나님은 본문을 통하여 여러 가지를 말씀하십니다. 그러나 한 가지 분명한 사실은 과정 역시 중요하다고 말씀하십니다. 과정에 충실해야 한다고 말씀하십니다. 하나님께는 과정이 대단히 중요하다고 말씀하십니다.

주제의 정의

그렇다면 오늘 하나님께서 말씀하시는 과정이란 무엇입니까? 어떤 사람은 '과정' 하면 한순간만을 생각합니다. 그래서 한순간만 잘하면 된다고 생각합니다. 예를 들면, 어떤 학생은 시험공부를 하루는 열심히 합니다. 그러나 다음날부터는 하지 않습니다. 왜냐하면 어제 열심히 했기 때문입니다. 이런 사람은 과정에 충실한 사람이 아닙니다.

또 어떤 사람은 '과정' 하면 결과만을 생각합니다. 과정의 마지막 부분인 결과만 좋으면 된다고 생각합니다. 결과만 좋으면, 그 앞의 과정은 무엇이든지 상관이 없다고 생각합니다. 그래서 결과에 집착하여 커닝을 하기도 합니다.

물론 결과는 좋을 필요가 있습니다. 그러나 결과가 좋다고 해서, 모든 것이 좋은 것은 아닙니다. 결과는 좋아 보이지만, 그 과정이 잘못된 경우가 많습니다. 과정이 옳지 않은 경우가 있습니다. 이런 경우는 오늘 하나님께서 원하시는 경우가 아닙니다.

그렇다면 오늘 하나님께서 우리에게 말씀하시는 과정이란 무엇일까요? 그것은 국어사전이 말하는 대로, '어떤 것이 진행하거나 발전해 나가는 경로'입니다. '시작과 끝이 모두 포함되는 전 과정'을 말합니다. 결과뿐만 아니라, 과정 중의 순간순간의 사건이 모두 포함된 것입니다. 왜냐하면 오늘 본문의 이야기가 이러한 사실을 증거하고 있기 때문입니다.

오늘 본문에 의하면, 아나니아는 자신의 밭을 팔았습니다. 3절에 '코리온'(χωρίον), 즉 '땅'을 팔았습니다. '밭'을 팔았습니다. 그리고 후에 그중 일부를 자신을 위해서 숨기고, 나머지는 교회에 헌금했습니다. 아마도 아나니아는 교회에 상당히 큰 액수의 헌금을 한 것처럼 보입니다. 왜냐하면 당시는 땅이 중요한 사회였기 때문입니다. 그래서 땅을 판 돈은 큰돈이었을 것이기 때문입니다.

물론 여기서 아나니아가, 땅을 판 돈 모두를 헌금한 것은 아닙니다. 일부는 숨기고, 나머지만 헌금했습니다. 그러나 땅은 보통 큰 덩어리로 팔리기 때문에, 일부라 할지라도 큰돈이었을 것입니다. 그렇습니다. 결과적으로 아나니아는 큰돈을 헌금했습니다. 그러나 그에게 주어진 하나님의 보상은 죽음이었습니다.

그럼 왜 하나님께서는 그에게 상이 아니라 벌을 주셨을까요? 여기에는 여러 가지 이유가 있을 수 있습니다. 그러나 한 가지 분명한 사실은, 하나님께서 결과보다도 과정을 중시하셨다는 것입니다. 하나님은 큰 액수의 헌금보다도 그 헌금이 준비되는 과정을 보셨습니다. 헌금이 준비되는 과정이, 성령 하나님의 뜻대로 되었는가를 보셨던 것입니다.

그렇습니다. 하나님은 과정을 보십니다. 과정을 중시하십니다. 그리고 하나님이 중시하시는 과정은 시작과 끝이 모두 포함된 전 과정입니다. 하나님은 결과만 보시지 않습니다. 또 시작만 보시지 않습니다. 모든 과정이 하나님의 뜻대로 충실하게 진행되는가를 보십니다.

사랑하는 고등부 학생 여러분! 오늘 여러분은 어떻게 살고 계십니까? 과정은 무시하고 결과만을 생각하고 있지는 않습니까? 열심히 공부하지 아니하고, 좋은 성적만을 기대하고 있지는 않습니까? 매일매일 성실하게 살지 않으면서, 좋은 대학만을 기대하고 있지는 않습니까? 하나님은 이 시간 우리가 모든 과정을 소중하게 여기기를 원하십니다. 우리에게 주어진 모든 과정을 성실하게, 바르게, 최선을 다해서 살아가기를 원하십니다.

주제의 필요성

그렇다면 왜 하나님께서는 과정을 이렇게 소중하게 생각하실까요? 왜 하나님은 우리가 어떤 일을 하든지, 시작부터 끝까지 전 과정을 소중하게 여기며, 충실하게 살아가기를 원하실까요? 그것은 과정에 충실하지 않으면, 결과가 좋지 않기 때문입니다. 과정을 귀하게 여기고 순간순간을 성실하게 살지 않으면, 좋은 결과를 기대할 수 없기 때문입니다. 아니, 절망이 우리를 기다리고 있기 때문입니다. 처참한 죽음이 기다리고 있을 수도 있기 때문입니다.

성경은 이러한 사실을 우리에게 분명하게 보여줍니다.

가룟 시몬의 아들, 유다는 예수님의 제자가 되었습니다. 예수님은 많은 사람들 중에서 제자를 부르셨습니다. 그리고 그 제자들 중에서 열둘을 사도로 택하셨습니다(눅 6:13). 그런데 유다가 그 열둘 중에 하나가 되었습니다. 유다의 제자로서의 과정의 시작은 정말 좋았습니다. 그리고 그 후에 유다는 제자로서 예수님을 열심히 따랐습니다. 예수님께서 말씀하실 때마다 귀를 기울이며, 성실하게 공부했습니다. 그러자 예수님께서 그에게 귀한 직책을 주셨습니다. 중요한 돈궤를 맡기신 것입니다(요 12:6). 아마도 이때까지는 유다가 제자로서 거쳐 가야 할 과정을 잘 간 것처럼 보입니다.

그러나 그 후에 언제부터인가 가룟 유다는 변하고 말았습니다. 예수님의 제자로서 거쳐 가야 할 삶의 과정에서 조금씩 벗어났습니다. 제자로서 충실하지 못했습니다. 몸은 예수님과 함께 걸었지만, 생각은 다른 곳에 가 있었습니다. 세상을 바라보았습니다. 예수님은 먼저 하나님의 나라와 의를 구하라고 하셨지만, 그는 돈을 먼저 생각했습니다. 세상 것들을 추구했습니다. 결국에는 제자로서 걸어가야 할 삶의 과정에서 완전히 벗어났습니다. 그리고 예수님을 팔았습니다.

여러분! 그 결과가 무엇입니까? 제자가 가야 할 삶의 과정을 벗어나서, 배반의 길을 선택한 유다의 삶의 결과가 무엇입니까? 그렇습니다. 절망입니다. 죽음이었습니다. 마태복음 27장 5절은 말합니다.

"유다가 은을 성소에 던져 넣고 물러가서 스스로 목매어 죽은지라."

그렇습니다. 유다는 절망했습니다. 은 30을 받았지만 그의 공허한 마음을 메울 길은 없었습니다. 그래서 결국 그는 길 잃은 양처럼 온 예루살렘을 헤매다가, 움켜쥐었던 돈을 던져버리고 자살을 선택했습니다. 스스로 자신의 목을 매었습니다.

여러분! 목매어 죽어가는 사람을 한번 상상해 보십시오. 숨이 막혀 고통스러워합니다. 발버둥을 칩니다. 얼굴은 죽음의 공포에 휩싸여 있습니다. 절망적인 모습입니다. 제자가 걸어야 할 삶의 과정을 벗어난 유다는 이처럼 절망하며 비참하게 죽어갔습니다.

그러므로 하나님은 이 시간 우리에게 과정에 충실하라고 말씀하십니다. 과정에 충실한 사람이 되어야 한다고 말씀하십니다. 과정에 충실하지 않으면 절망할 수밖에 없기에, 하나님은 과정에 충실한 사람이 되라고 말씀하십니다.

주제의 실천 방안

그렇다면, 우리는 어떻게 과정에 충실한 사람이 될 수 있습니까? 어떻게 해야 하나님께서 기대하시는 삶의 과정에 충실한 청소년이 될 수 있습니까?

주안점

먼저, 하나님은 우리가 과정에 충실한 사람이 되기 위해서는, 매 순간을 성령 하나님과 동행해야 한다고 말씀하십니다.

말씀 선포

오늘 본문 3절에 우리 하나님의 말씀이 있습니다.

"어찌하여 사탄이 네 마음에 가득하여 네가 성령을 속이고 땅 값 얼마를 감추었느냐."

해석과 적용

그렇습니다. 과정에 충실한 사람이 되기 위해서는 성령 하나님과 동행해야 합니다. 매 순간을 성령 하나님과 동행해야 합니다. 그래야 과정에 충실한 사람이 될 수 있습니다. 오늘 본문은 이러한 사실을 우리에게 분명하게 보여줍니다.

오늘 본문에서 아나니아가 과정에 충실하게 되지 못한 이유가 무엇입니까? 돈을 숨기고, 거짓말하게 된 이유가 무엇입니까? 그것은 "네가 성령을 속이고", 즉 그가 성령 하나님을 속였기 때문입니다. 성령 하나님을 속이고, 성령 하나님의 뜻대로 살지 않았기 때문입니다. 성령 하나님과 동행하지 않았기 때문입니다. 만일 그가 성령 하나님을 속이지 않고 성령 하나님과 동행했다면, 결과는 달라졌을 것입니다. 아나니아가 성령 하나님과 동행하며 그에게 묻고 그의 인도하심을 따라 살았다면, 결과는 완전히 달라졌을 것입니다.

그러나 아나니아와 삽비라는 그렇게 하지 않았습니다. 대신에 3

절 말씀대로, '플레로오'(πληρόω), 즉, 그의 마음에 사탄을 '가득 차게' 했습니다. 그렇습니다. 아나니아는 성령 하나님과 동행하는 대신에, 그 자리에 사탄을 채웠습니다. 그래서 성령 하나님과 동행한 것이 아니라 사탄과 동행했습니다. 그리고 사탄의 인도를 따라서 성령 하나님을 속이고, 땅 값을 감추었습니다. 그래서 과정에 충실하지 못한 사람이 되었습니다.

그러므로 우리가 과정에 충실한 사람이 되기 위해서는 성령 하나님과 동행해야 합니다. 매 순간 성령 하나님과 동행해야 합니다. 예배를 드릴 때에도 성령 하나님과 동행해야 합니다. 예배의 시작부터 끝까지 성령 하나님과 동행해야 합니다. 성령 하나님과 동행하지 않으면 다른 생각을 하게 됩니다. 무성의하게 됩니다. 졸게 됩니다. 하나님께서 싫어하시는 예배를 드리게 됩니다. 그러므로 예배를 드릴 때에는 항상 성령 하나님과 동행해야 합니다. 그래서 성령 하나님의 인도하심을 따라서 예배해야 합니다.

이것은 다른 어떤 일을 할 때도 마찬가지입니다. 공부할 때도 마찬가지입니다. 친구들을 만날 때에도 마찬가지입니다. 무슨 일을 하든지 우리가 그 일에 충실하며 하나님께서 기뻐하시는 삶을 살기 위해서는, 성령 하나님과 동해해야 합니다. 성령 하나님과 동행하며, 모든 일의 과정을 성령 하나님과 의논해야 합니다. 그래야 우리는 과정에 충실한 사람이 될 수 있습니다.

그렇다면 왜 우리가 과정에 충실한 사람이 되기 위해서는, 성령 하나님과 동행해야 할까요? 그것은 이 땅에서 성령 하나님만이 시간과 공간을 초월하여 우리의 삶을 하나님의 뜻대로 바르게 인도할 수 있기 때문입니다. 성령 하나님만이 우리의 삶의 전 과정을 동행하시며, 우리를 도우실 수 있기 때문입니다.

우리 주님은 요한복음 14장 26절을 통하여, 왜 성령 하나님께서 이 땅에 오셔야 했는지를 말씀하십니다. 우리 주님께서 말씀하십니다.

"보혜사 곧 아버지께서 내 이름으로 보내실 성령 그가 너희에게 모든 것을 가르치고 내가 너희에게 말한 모든 것을 생각나게 하리라."

그렇습니다. 성령 하나님은 모든 것을 가르치실 수 있습니다. 모든 것을 예수님의 뜻대로 가르치실 수 있습니다. 모든 것을 아버지 하나님의 뜻대로 가르치실 수 있습니다. 모든 과정이 하나님의 뜻대로 바르게 이루어질 수 있도록 가르치실 수 있습니다. 왜냐하면 성령 하나님은 아버지 하나님으로부터 오셨기 때문입니다. 예수 그리스도를 통하여 이 땅에 오셨기 때문입니다. 그래서 성령 하나님은 모든 시공을 초월하여서 영원토록 계시며, 현재적으로 계시며, 모든 것을 아시기 때문입니다.

그렇습니다. 성령 하나님은 모든 것을 아십니다. 하늘과 땅의 모든 것을 아십니다. 이 세상과 저 세상의 모든 것을 아십니다. 그래서 모든 과정에서 우리를 도우실 수 있습니다. 그러므로 우리가 삶의 과정에 충실한 사람이 되기를 원한다면, 우리는 항상 성령 하나님과 동행해야 합니다. 매 순간을 성령 하나님과 동행하며 그의 도우심을 입어야 합니다. 우리의 삶의 모든 일들과 과정을 성령 하나님과 동행해야 합니다.

교회 일을 할 때는 성령 하나님과 동행하다가, 세상일을 한다고 해서 성령 하나님을 떠나서는 안 됩니다. 성령 하나님을 속여서는 안 됩니다. 세상 일을 할 때에도 성령 하나님과 동행해야 합니다. 공부를 할 때에도 성령 하나님과 동행해야 합니다. 사람들을 만날 때에도 마찬가지입니다. 모든 일을 성령 하나님과 동행하며, 그분의 뜻대로 해야 합니다. 그래야 하나님께서 기뻐하시는, 과정에 충실한 사람이 될 수 있습니다.

물론, 모든 과정에서, 모든 일에서, 성령 하나님과 동행하며 충실하게 사는 것은 쉬운 일이 아닙니다. 그래서 사람들은 때때로 쉬운 길을 선택합니다. 예를 들면, 어떤 학생은 교회 일과 세상 일을 분리합니다. 그래서 교회 일은 열심히 합니다. 교회에서는 성령 하나님과 동행하며 충실하게 삽니다. 하지만 교회만 떠나면 자기 마음대로 합니다. 성령 하나님과 동행하지 않습니다. 교회 밖에서는 몸이 가는 대로 삽니다. 자신의 생각대로 삽니다. 쉽고 편한 길로만 나아갑니다. 시험에서 부정행위를 하고, 친구를 괴롭힙니다. 성실하게 공부하지 않습니다. 성령 하나님이 원하시는 길과는 너무나 다른 길을 갑니다.

여러분! 이런 사람이 있다면, 그는 성령 하나님과 동행하는 사람이 아닙니다. 이런 학생이 있다면, 그녀는 성령 하나님과 동행함으로 과정에 충실한 사람이 아닙니다.

오늘날 많은 사람들이 우리 고등부 학생들을 걱정합니다. 왜 그렇습니까? 그것은 학생들이 성령 하나님과 동행하지 않기 때문입니다. 그래서 삶의 과정에 충실하지 못하기 때문입니다. 성령 하나님께서 인도하시는 대로, 매일매일 성실하게 공부하지 않기 때문입니다. 시험에서 부정행위를 하거나 요행을 바라기 때문입니다. 삶의 과정에서 성령 하나님의 뜻을 거부하고 충동적으로 행동하기 때문입니다. 친구를 사랑하기는커녕 왕따시키기 때문입니다.

사랑하는 고등부 학생 여러분! 여러분은 어떤 사람입니까? 매일매일의 삶의 과정에 충실한 사람입니까? 성령 하나님과 동행함으로 과정에 충실한 사람입니까? 교회에서 예배를 드릴 때에도, 또 학교에서 공부할 때에도, 항상 성령 하나님과 동행함으로써, 삶의 과정을 하나님의 뜻대로 충실하게 살아가는 하나님의 사람입니까?

하나님은 이 시간, 여기 모인 우리 모두가 성령 하나님과 동행함으로, 모든 삶의 과정을 충실하게 살아가기를 원하십니다.

요약

그러므로 하나님께서는 이 시간 다시 한 번 우리 모두에게 분명하게 말씀하십니다. 과정에 충실한 사람이 되라고 말씀하십니다. 순간순간의 모든 일에, 삶의 모든 과정에, 충실한 사람이 되라고 말씀하십니다. 그리고 과정에 충실한 사람이 되기 위해서는, 성령 하나님과 동행해야 한다고 말씀하십니다. 모든 일에서 성령 하나님과 동행해야 한다고 말씀하십니다. 공부할 때에도, 예배를 드릴 때에도, 성령 하나님과 동행해야 한다고 말씀하십니다.

적용

사랑하는 고등부 학생 여러분! 이제 우리 모두, 오늘 하나님의 말씀을 따라서, 과정에 충실한 사람이 됩시다. 삶의 모든 순간순간을 성령 하나님과 동행함으로써 과정에 충실한 사람이 됩시다. 그래서 삶의 모든 과정을 승리로 이끄는 고등부 학생들이 됩시다.

3. 나가는 말

지금까지 우리는 초등학생과 중학생, 그리고 고등학생들을 향하여 선포되는 세 편의 실제 설교들을 살펴보았다. 그리고 이 설교들을 통하여 비록 청소년 설교가 선포되는 대상에 따라서, 길이나 사용되는 어휘의 난이도에 있어서는 차이가 있을지라도, 성경의 내용을 벗어나서는 안 되고, 또 모든 설교의 주인이 설교자가 아니라 하나님이 되어야 함을 알았다.

그리고 더불어서 설교의 형태가 내용이나 대상에 따라서 약간씩 형태를 달리할지라도, 제4장에서 제시된 설교 형태가 갖추어야 할 여섯 가지 기본 요소들을 갖추어야 함을 알았다.

그러므로 이제 청소년 설교자들은 모든 기독교 설교의 원천인 성경을 벗어나는 등, 모든 잘못된 내용이나 형태로 구성된 잘못된 청소년 설교를 버리고, 위에서 제시된 실제 설교들을 기억함으로써, 또 앞에서 제시되어 온 이론들을 숙지하여 실제 설교에 철저히 반영함으로써, 좀더 바람직한 청소년 설교를 청소년들에게 전해야 할 것이다. 다시 말하면, 설교자들은 성경과 기도를 통하여 말씀의 주인이신 하나님을 깊이 만나, 삼위일체 하나님으로부터 말씀을 받아서, 청소년들이 쉽게 이해하고 받아들일 수 있는 내용과 형태로 작성하여, 청소년들을 향하여 최선을 다해서 선포해야 한다.

 그리하면 갈 길을 몰라 방황하던 많은 청소년들이, 바르게 전달되는 살아 계신 하나님의 말씀을 통하여 하나님께서 주시는 참된 소망을 갖게 될 것이다. 그리고 위기에 직면한 한국 교회는 이들을 통하여 새로운 희망을 갖게 될 것이다.

참고 문헌

- 강성열. 《구약성서로 읽는 지혜 예언 묵시》. 서울: 한들출판사, 2004.
- 강성렬, 오덕호, 정기철. 《설교자를 위한 성서해석학 입문》. 서울: 대한기독교서회, 2002.
- 권율복. 《설교에 기둥을 세워라》. 서울: 도서출판 줄과추, 1998.
- 김금용. "삼위일체적 설교 준비를 위한 한 연구". 〈신학이해〉 제21집 (2001년 5월), 206-227.
- _____ "설교의 한 신학: 삼위일체 하나님의 말씀으로서의 설교", 〈신학이해〉 제23집(2002년 7월), 263-286.
- _____ 《제3의 분석 설교의 이론과 실제》. 서울: 쿰란출판사, 2011.
- _____ "통독 설교: 새로운 대안으로서의 통독 설교", 〈신학이해〉 제29집(2005년 8월), 185-212.
- _____ "한국 교회의 설교 도용에 대한 한 연구", 〈기독교 사회 윤리〉 제14집(2007년 12월), 125-152.
- _____ "한국 교회의 위기와 설교학적 한 답변", 〈한국기독교신학논총〉 제62집(2009), 291-314.
- 김금용 외. 《디모데전후서, 디도서: 어떻게 설교할 것인가》. 서울: 두란노아카데미, 2008.
- 김운용. 《설교의 새로운 패러다임》. 서울: 장로회신학대학교출판부, 2004.
- 윌리엄 블랙. 《강해 설교, 어떻게 준비할 것인가?》. 서울: 한국성서유니온선교회, 2000.

- 정장복. 《한국 교회의 설교학 개론》. 서울: 예배와 설교 아카데미, 2001.
- 정장복 외. 《설교학 사전》. 서울: 예배와 설교 아카데미, 2004.
- 조병호. 《성경 통독, 이렇게 하라》. 서울: 땅에쓰신글씨, 2004.
- 총회헌법개정위원회. 〈헌법〉. 서울: 대한예수교장로회총회출판국, 1991.
- 호남신학대학교 편. 《구원이란 무엇인가?》. 서울: 한국장로교출판사, 2002.
- 호남신학대학교 편. 《성서란 무엇인가?》. 서울: 한국장로교출판사, 2005.
- 황승룡. 《신학 서론》. 서울: 한국장로교출판사, 2003.

- Allen, Ronald J. *Patterns of Preaching*. 허정갑 역. 《34가지 방법으로 설교에 도전하라》. 서울: 예배와 설교 아카데미, 2004.
- Baumann, J. Daniel. *An Introduction to Contemporary Preaching*. 정장복 역. 《현대 설교학 입문》. 서울: 도서출판 엠마오, 1991.
- Brooks, Phillips. *On Preaching*. 서문강 역. 《필립스 브룩스 설교론》. 서울: 크리스챤다이제스트, 1997.
- Brown, H.C. Jr.; Clinard, H. Gordon.; and Northcutt, Jesse J. *Steps to the Sermon: A Plan for Sermon Preparation*. 정장복 편역. 《설교의 구성론》. 서울: 도서출판 엠마오, 1991.
- Calvin, John. *Calvin: Institutes of the Christian Religion*. 김종흡 등 역. 《기독교 강요》 상. 서울: 생명의말씀사, 1991.

· Cox, James W. *Preaching*. 원광연 역. 《설교학》. 고양: 크리스챤다이 제스트, 1999.
· Jones, Ilion T. *Principles and Practice of Preaching*. 정장복 역. 《설교의 원리와 실제》. 서울: 생명의말씀사, 1990.
· Leishman, Thomas., ed. *The Westminster Directory*. 정장복 역. 《웨스트민스터 예배 모범》. 서울: 예배와 설교아카데미, 2002.
· Lloyd-Jones, D. M. *Preaching & Preachers*. 서문강 역. 《목사와 설교》. 서울: 기독교문서선교회, 1999.
· Lowry, Eugene L. *The Homiletical Plot: The Sermon As Narrative Art Form*. 이연길 역. 《이야기식 설교 구성》. 서울: 한국장로교출판사, 1996.
· Pieterse, H. J. C. *Communicative Preaching*. 정창균 역. 《설교의 커뮤니케이션》. 수원: 합동신학대학원출판부, 2002.
· Robinson, Haddon., and Larson, Craig Brian. ed. *The Art and Craft of Biblical Preaching*. 전의우 외 역. 《성경적인 설교와 설교자》. 서울: 두란노서원, 2006.
· Willimon, William H., and Lischer, Richard., ed. *Concise Encyclopedia of Preaching*. 이승진 역. 《설교학 사전》. 서울: 기독교문서선교회, 2003.
· Abbey, Merrill R. *Communication in Pulpit and Parish*. Philadelphia: The Westminster Press, 1976.
· Adam, Peter. *Speaking God's Words: A Practical Theology of Preaching*. Leicester: Inter-Varsity Press, 1996.
· Anderson, Ray S., ed. *Theological Foundations for Ministry*.

　　　　　Edinburgh: T.&T. Clark, 1979.
· Allen, Horace T. Jr. *A Handbook for the Lectionary*. Philadelphia: The Geneva Press, 1980.
· Barth, Karl. *Homiletics*. Translated by Geoffrey W. Bromiley and Donald E. Daniels. Louisville: Westminster/John Knox Press, 1991.
· Berkhof, Louis. *Systematic Theology*. Edinburgh: The Banner of Truth Trust, 1994.
· Blackwood, Andrew Watterson. *The Preparation of Sermon*. New York: Abingdon-Cokesbury Press, 1948.
· Broadus, John A. *On the Preparation and Delivery of Sermons*. Revised by Vernon L. Stanfield. New York: Harper & Row, Publishers, 1979.
· Brooks, Phillips. *On Preaching*. The Seabury Press, 1964.
· Brown, Carolyn C. *You Can Preach to the Kids Too!*. Nashville: Abingdon Press, 1997.
· Bruce, Michael. *The Science of Prayer*. London: S P C K, 1956.
· Calvin, John. *Institutes of the Christian Religion Volume I*. Translated by Henry Beveridge. Edinburgh: T.&T. Clark, 1875.
· Calvin, John. *Institutes of the Christian Religion Volume II*. Translated by Henry Beveridge. Edinburgh: T.&T. Clark, 1875.
· Carnegie, Dale. *The Quick and Easy Way to Effective Speaking*. New York: Association Press, 1964.

- Carnegie, Dorothy. *Effective Speaking*. New York: Association Press, 1962.
- Chartier, Myron R. *Preaching As Communication: An Interpersonal Perspective*. Nashville: The Parthenon Press, 1981.
- Churchill, J.H. *Prayer in Progress*. London: Hodder & Stoughton, 1961.
- Coggan, Donald. *Stewards of Grace*. London: Hodder & Stoughton, 1958.
- Davis, Henry Grady. *Design for Preaching*. Philadelphia: Muhlenberg Press, 1958.
- Davis, Ken. *How to Speak to Youth and Keep them Awake at the same time*. Grand Rapids: Zondervan Publishing House, 1996.
- Duduit, Michael, ed. *Handbook of Contemporary Preaching*. Nashville: Broadman & Holman Publishers, 1992.
- Evans, William. *How to Prepare Sermons*. Chicago: Moody Press, 1964.
- Goodykoontz, Harry G. *The Minister in the Reformed Tradition*. Richmond: John Knox Press, 1963.
- Grenz, Stanley J. *Theology for the Community of God*. Carlisle: The Paternoster Press, 1994.
- Grudem, Wayne. *Systematic Theology: An Introduction to Biblical Doctrine*. Leicester: Inter-Varsity Press, 1994.
- Hallesby, O. *Prayer*. London: Hodder and Stoughton, 1973.

· Jones, Ilion T. *Principles and Practice of Preaching*. New York: Abingdon Press, 1956.

· Jones, Richard G. *Groundwork of Worship & Preaching*. London: Epworth Press, 1993.

· Kelly, J.N.D. *Early Christian Doctrines*. London: A & C Black, 1993.

· Kim, Keumyong. "A Study of Trinitarian Preparation for Christian Public Worship Service." Ph. D. dissertation, University of Aberdeen. 2000.

· Lloyd-Jones, Martyn. *Preaching and Preachers*. London: Hodder & Stoughton, 1998.

· Long, Thomas G. *The Witness of Preaching*. London: Westminster John Knox Press, 1989.

· Maxwell, William D. *Concerning Worship*. London: Oxford University Press, 1949.

· McGrath, Alister E. *Christian Theology: An Introduction*. Second ed. Oxford: Blackwell Publishers, 1997.

· McLuhan, Marshall. *Understanding Media: The Extensions of Man*. New York: The New American Library, 1964.

· Moltmann, Jurgen. *The Trinity and the Kingdom of God*. Translated by Margaret Kohl. London: SCM Press Ltd., 1993.

· Nash, Tom. *The Christian Communicator's Handbook*. Wheaton: Victor Books, 1995.

· Niles, Daniel Thambyrajah. *The Preacher's Calling to be Servant*.

London: Lutterworth Press, 1959.
- Noll, Mark A. ed. *Confessions and Catechisms of the Reformation*. Leicester: Apollos, 1992.
- Parker, T.H.L. *Calvin's Preaching*. Edinburgh: T.&T. Clark, 1992.
- Sangster, W. Ddwin. *The Craft of Sermon Construction*. London: The Epworth Press, 1949.
- Spurgeon, Charles H. *Lectures to my Students*. Fearn: Christian Heritage, 1998.
- Stott, John. *I Believe in Preaching*. London: Hodder & Stoughton, 1982.
- Tizard, Leslie J. *Preaching: The Art of Communication*. New York: Oxford University Press, 1958.
- Turnbull, Ralph G., ed. *Baker's Dictionary of Practical Theology*. Michigan: Baker Book House, 1967.
- Underhill, Evelyn. *Man and the Supernatural*. 2th ed. London: Methuen & Co. Ltd., 1934.
- von Allmen, Jean-Jacques. *Preaching and Congregation*. Translated by B.L. Nicholas. London: Lutterworth Press, 1962.
- Willimon, William H., and Lischer, Richard., ed. *Concise Encyclopedia of Preaching*. Louisville: Westminster John Knox Press, 1995.
- Wilson-Dickson, Andrew. *A Brief History of Christian Music*. Oxford: Lion Publishing plc, 1997.

〈청소년 설교의 길잡이〉

A Guide to Youth Preaching

저자 : 김금용

약력 _____

장로회신학대학교 신학과 졸업(신학사)
장로회신학대학교 신학대학원 졸업(교역학석사)
장로회신학대학교 대학원 졸업(신학석사)
영국 아버딘 대학교(the University of Aberdeen) 대학원 졸업(철학박사)
영국 아버딘 대학교 명예연구교수
뉴질랜드 오클랜드 대학교 방문교수
현재 호남신학대학교 설교학 교수

저서/역서 _____

《A Study of Trinitarian Preparation for Christian Public Worship Service》(박사학위 논문)
《마가복음》
《예수꾸러기》
《설교학 사전》(공저)
《구원이란 무엇인가?》(공저)
《예배란 무엇인가?》(공저)
《성서란 무엇인가?》(공저)
《디모데전후서·디도서》(공저)
《성경적인 설교준비와 전달》(공역)
《신학이란 무엇인가?》(공저)
《제3의 분석설교의 이론과 실제》

논문 _____

"설교의 한 신학: 삼위일체 하나님의 말씀으로서의 설교"
"통독설교: 새로운 대안으로서의 통독 설교"
"한국 교회의 설교 도용에 대한 한 연구"
"한국 교회의 위기와 설교학적 한 답변"
"사회적 이슈에 대한 설교 방법론 고찰"
"장로교 설교에 대한 한 연구" 외 다수

청소년 설교의 길잡이

1판 1쇄 발행 _ 2012년 9월 5일
1판 2쇄 발행 _ 2018년 1월 25일

지은이 _ 김금용
펴낸이 _ 이형규
펴낸곳 _ 쿰란출판사

주소 _ 서울특별시 종로구 이화장길 6
편집부 _ 745-1007, 745-1301~2, 747-1212, 743-1300
영업부 _ 747-1004, FAX 745-8490
본사평생전화번호 _ 0502-756-1004
홈페이지 _ http://www.qumran.co.kr
E-mail _ qrbooks@gmail.com / qrbooks@daum.net
한글인터넷주소 _ 쿰란, 쿰란출판사
등록 _ 제1-670호(1988.2.27)
책임교열 _ 홍다나 · 송은주

ⓒ 김금용 2012 ISBN 978-89-6562-359-5 932300

책값은 뒤표지에 있습니다.
이 출판물은 저작권법에 의해 보호를 받는 저작물이므로 무단 복제할 수 없습니다.
파본(破本)은 구입처에서 교환해 드립니다.